Winter Rezepte

Lifestyle
BUSSE
SEEWALD

INGE SKOVDAL GITTE HEIDI RASMUSSEN PERNILLE ALBERS BUHL

Winter Rezepte

für leckere Speisen und Backwerk, liebevolle Geschenke und kreative Handarbeiten

Übersetzung von Frauke Watson

Lifestyle
BUSSE SEEWALD

Haftungsausschluss

Bei dem vorliegenden Werk handelt es sich um eine Übersetzung aus der dänischen Sprache. Wir haben uns bemüht, die Texte so verständlich und sachlich richtig wie möglich ins Deutsche zu übertragen. Trotzdem könnte sich ein Fehler eingeschlichen haben. Der Verlag übernimmt daher keinerlei inhaltliche oder sonstige Haftung.

Originalausgabe:
Hjerterum og juleknas

ISBN 978-87-00-79464-1

Deutsche Ausgabe:

Übersetzung: Frauke Watson, F-Callian
Satz: L&L Fotosatz GmbH, Hiddenhausen
Gedruckt in Slowenien

ISBN 978-3-512-03332-2

Inhalt

Bald schon ist Weihnachtszeit, herrliche Zeit ...

Ich liebe die Weihnachtszeit. Jedes Jahr Anfang Dezember beginnt unsere Wohnung nach Zimt, Gewürznelken, frischen Bumen und Tannengrün zu duften. Dann verbringe ich viel Zeit in der Küche, um zusammen mit den Kindern Konfekt, Kekse und Kuchen zu backen und die traditionellen Weihnachtsgerichte vorzubereiten. Ganz besonders freue ich mich auf den Heiligabend, denn dann decke ich mit meinen Töchtern den Festtisch, während mein Sohn die Tischkarten bastelt. Dann kommt erst die richtige Weihnachtsstimmung auf und es kann losgehen.

In meiner Kindheit bog sich die Weihnachtstafel mit Gänse-, Enten- und Schweinebraten und manchmal sogar noch Bratwurst. Das war natürlich ein Riesengelage und dauerte so lange, dass ich vorher schon ein Geschenk auspacken durfte, damit ich dabei ruhig sitzen blieb. Diesen Brauch habe ich dann aufgegeben, doch mein Bruder findet, dass ich noch heute erst wirklich zur Ruhe komme, wenn ich mein erstes Geschenk in den Händen halte!

Mit diesem Weihnachtsbuch habe ich mir einen jahrelangen Wunsch erfüllt.

Meine Co-Autorinnen und ich haben hier unsere gelungensten Kreationen und Rezepte zusammengetragen, denn jede Familie feiert Weihnachten anders. Wir hoffen, dass manches davon bei Ihnen Anklang findet und vielleicht bald Teil Ihrer ganz persönlichen Traditionen wird. Unsere leckeren und kreativen Weihnachtsgeschenke – zum Beispiel Orangenzucker zum Tee, Weihnachtsschnaps mit Zimt oder Filz-Engelchen – kann man ganz einfach nacharbeiten.

Gitte Heidi Rasmussen und ich arbeiten schon seit vielen Jahren zusammen und wir haben inzwischen etliche Kochbücher gestaltet. Gitte ist einfach eine Super-Köchin und ihre Rezepte sind für mich echte Klassiker. Mein persönlicher Favorit ist ihr Glühweinsirup – er schmeckt wirklich himmlisch und ist so viel besser als die gekaufte Variante. Pernille Albers Buhl hat einfach für alles eine kreative Lösung – und so war es von Anfang an abgemachte Sache, dass sie bei diesem Buch mit dabei ist. Sie ist eine von den Frauen, die ihren eigenen Weihnachtsschmuck basteln, Bettzeug und Kleidung selbst nähen und alte Möbel restaurieren. Besuchen Sie doch einmal selbst Pernille unter: www.pernillealbers.dk.

Ich hoffe, dass unser Buch Sie zu ein paar angenehmen Adventstunden mit der Familie inspiriert, sei es mit Weihnachtsbasteleien oder zum Adventskaffee mit selbst gebackenen Leckereien.

Wir heißen Sie in unserer persönlichen Weihnachts-Welt herzlich willkommen – viel Vergnügen beim Durchblättern!

Inge Skovdal

Kerzen und Weihnachts-schmuck

Die gemütliche Jahreszeit beginnt für uns schon Ende Oktober, wenn wir Abends Mengen von Kerzen anzünden. Das ist für unser Wohlbefinden sehr wichtig, und es gibt nun einmal nichts, das in der dunklen Jahreszeit einladender wirkt als ein paar Laternen vor dem Haus oder brennende Kerzen in Leuchtern und Adventskränzen. Bunte Lichterketten drinnen und draußen tun in der modernen Zeit ihr Übriges.

Orangenzucker

250 g Rohrzucker
abgeriebene Schale von
1 unbehandelte Orange

Zucker und Orangenschale gut mischen und in ein sauberes Marmeladenglas geben. Vor dem Gebrauch eine Weile stehen lassen, damit das Orangenaroma gut in den Zucker einziehen kann. Lecker zum Tee oder über Pfannkuchen und Desserts.

Limoncello

3 unbehandelte Zitronen
300 ml Wasser
300 g Zucker
300 ml Vodka

Die Zitronen schälen. Wasser, Zucker und Zitronenschalen so lange kochen, bis sich der Zucker aufgelöst hat.
Zitronen pressen, den Saft abseihen und mit dem abgekühlten Sirup und dem Vodka mischen.
Eine Woche stehen lassen, dann abseihen und auf Flaschen füllen.
Den Likör eiskalt servieren. Er schmeckt auch ganz fantastisch zu einer Kugel Zitronensorbet.

Äpfel-Zimt-

6 Äpfel, geschält
Saft von 1 Zitrone
1 Zimtstange
1 kleines Stück getrockneter Ingwer
250 ml Wasser
300 g Zucker

Die Äpfel in kleine Würfel schneiden. Mit Zitronensaft, Zimt, Ingwer und Wasser langsam zum Kochen bringen und etwa 10 Minuten weiter dünsten.
Zucker zugeben und noch 5 Minuten ziehen lassen. Zimtstange und Ingwer herausnehmen und die Marmelade in sterilisierte Gläser füllen.

Marmelade

Wenn Sie ein Laminiergerät haben, versuchen Sie sich doch einmal an diesen originellen Weihnachtskarten: Dekoratives Papier auf die gewünschte Größe zurecht schneiden und einen Weihnachtsgruß auf die Rückseite schreiben. Schöne Motive aus Zeitschriften herausreißen und auf das Papier kleben. Den unregelmäßigen Rand mit Glitterkleber verzieren und die Karte sofort laminieren. Dadurch verteilt sich der Glitter sehr dekorativ auf dem Papier. Die Karten werden beim Empfänger sicher einen Ehrenplatz erhalten und vielleicht noch jahrelang als Adventsschmuck hervorgeholt werden.

Ein paar weihnachtliche Accessoires machen das Wohnzimmer festlich – zum Beispiel diese fröhlichen Sofakissen aus Ton-in-Ton-Stoffresten. Verzieren Sie das fertige Stück nach Geschmack mit Goldlitze, Knöpfen, Kreuzstichen oder Perlen.

Coole Kerzendekoration auf die Schnelle: Stellen Sie je zwei dünne Kerzen in dekorative, mit Eiswürfeln gefüllte Glasgefäße. Wenn die Eiswürfel zu schmelzen beginnen, müssen die Kerzen allerdings gelöscht werden.

Biscotti

Ergibt 20–25 Stück
250 g Mehl
250 g Zucker
2 Tl Vanillezucker
3 Eier
75 g ganze Mandeln

Mehl, Zucker und Vanillezucker in eine Schüssel sieben. Eine Vertiefung in die Mitte machen, zwei Eier hinein schlagen und alles gut verrühren. Die Mandeln zugeben und den Teig gut durchkneten. Wenn er zu trocken ist, etwas Wasser zugeben. Den Teig zu zwei 20 cm langen Rollen formen, auf ein mit Backpapier ausgelegtes Backblech legen und mit Eiweiß einpinseln. Bei 175ºC etwa 35 Minuten backen. Nach dem Abkühlen schräg in Scheiben schneiden.
Wieder auf das Backblech legen und noch einmal 10 Minuten bei 150ºC trocknen lassen. Die Biscotti in einer luftdicht verschließbaren Dose aufbewahren.

Die herzlichsten Weihnachtsgrüße: Für dieses elegante Kuvert braucht man nur Goldstift, Glitterkleber und ein paar Reste goldener Spitze.

Einfache Stumpenkerzen bekommen mit etwas Silberdraht und Perlen ein festliches Gewand. Perlen auf ein Drahtstück fädeln, um die Kerze wickeln und die Drahtenden zusammendrehen.

Waffeln

Ergibt 30 Stück
300 g Mehl
1 El Zucker
1/2 Tl Kardamom
2 Eier
500 ml Milch
50 g Butter

Mehl, Zucker und Kardamom mischen.
Die Eigelbe mit der Milch verquirlen und dazu geben.
Butter zerlassen, zugeben und alles zu einem glatten Teig verrühren.
Eiweiß schlagen und vorsichtig unter den Teig heben.
Das Waffeleisen anheizen und mit etwas Fett einpinseln. Einen Löffel Teig in die Mitte geben, den Deckel zuklappen und die Waffel goldbraun backen.
Mit Marmelade, Zucker oder Sirup servieren.

Orangensirup

150 g Zucker
250 ml Orangensaft
Schalenstreifen von einer unbehandelten Orange

Orangensaft, Zucker und Schale aufkochen lassen und zu einem dünnen Sirup einkochen. Auf Gläser füllen und zu Waffeln, Pfannkuchen, Käse, Eis oder Reispudding servieren.

Es gibt im Winter doch nichts Schöneres als frische Blumen, und zur Adventszeit sind rote Rosen besonders festlich. Ein schönes Glasgefäß mit Seidenpapier auslegen, mit Mosy füllen und wässern.
Ein Stück Blumendraht unten in eine Kerze stechen. Die Kerze damit in dem Mosy-Block befestigen.
Die Rosen kurz abschneiden und rund um die Kerze stecken. Die Lücken mit künstlichen Beeren füllen. Jeden Tag Wasser nachgießen, damit das Mosy gut feucht bleibt. Welke Rosen werden einfach gegen frische ausgetauscht.

Diese niedlichen Engelchen kann man ganz leicht selber machen. Sie brauchen dafür Filzwolle in Naturweiß, Grau und Moosgrün, ein Stück Satin und etwas Gold- oder Silbergarn. Den Satin auf die Arbeitsfläche legen und die Filzwolle in Flocken darauf verteilen, sodass die ganze Stoffoberfläche bedeckt ist. Das Garn kreuz und quer darüber legen. Den Stoff zu einer Wurst aufrollen und mit Schnur fest umwickeln. Bei 40ºC in der Waschmaschine waschen und trocknen lassen.
Aus dem fertigen Filz Halbkreise ausschneiden, zu Tüten drehen und zusammennähen. Aus Filzwolle Kugeln formen und in warmer Seifenlauge zwischen den Handflächen drehen. Die fertigen Filzkugeln trocknen lassen und als Köpfe an die Spitze nähen. Flügel ausschneiden und annähen. Zum Schluss Heiligenscheine aus Golddraht formen und am Rücken der Engelchen befestigen.

Pfeffernüsse

Ergibt 60–80 Stück
250 g Mehl
125 g Zucker
Abgeriebene Schale von
1/4 unbehandelten Zitrone
1/4 Tl weißer Pfeffer
1 El Vanillezucker
150 g zimmerwarme Butter
1 mittelgroßes Ei

Mehl, Zucker, Zitronenschale, Pfeffer und Vanillezucker mischen. Die Butter in Flocken dazu geben und einarbeiten. Das Ei zugeben und alles zu einem glatten Teig verkneten. Den Teig in vier Teile schneiden und zu Rollen formen. Die Rollen in Scheiben schneiden, auf ein mit Backpapier ausgelegtes Backblech legen und mit den Fingern zu Pfeffernüssen formen. Bei 210°C etwa 8 Minuten backen.

Wenn Sie Wollziest im Garten haben, ernten Sie die Blätter, bevor der erste Frost kommt. Sie können ihn jedoch mit etwas Glück auch beim Blumenhändler bekommen. Befestigen Sie die Blätter dicht an dicht mit Nadeln auf einer Mosy-Kugel. Beim Blumenhändler gibt es übrigens Spezialnadeln – sie ähneln Stecknadeln, sind aber stärker. Die fertige Kugel kreuz und quer mit Golddraht umwickeln. Auf einem dekorativen Tablett mit Glasobjekten macht sie sich besonders schön.

Für diesen bunten Weihnachtsstrumpf allerlei Stoffreste zu einem Streifen zusammennähen. Einen großen Strumpf auf ein Stück Zeitungspapier zeichnen und ausschneiden. Den Stoff rechts auf rechts falten und die Schablone auf den Stoff legen. Den Strumpf nähen, ausschneiden und wenden. Bügeln, die Oberkante absteppen und eine Öse zum Aufhängen annähen. Den fertigen Strumpf mit farbigen Knöpfen dekorieren. Durch die »untypischen« Weihnachtsfarben wirkt der Strumpf fröhlicher, modischer und etwas schräg.

Wer hätte gedacht, dass man mit Polsterstroh so schönen Weihnachtsschmuck basteln kann! Zwei Stucke starken Draht zurecht schneiden und mit Polsterstroh umwickeln. Die Stäbe zum Kreuz verbinden. Etwa 20–25 Perlen in weihnachtlichen Farben auf Silberdraht fädeln und das Kreuz damit umwickeln. Schön in Gruppen als Tischdekoration oder als festliches Stillleben.

Diesen Kerzenkalender haben die Kinder selbst gebastelt. Dafür brauchen Sie 24 schmale, lange Kerzen und Modelliermasse. Aus der Modelliermasse 24 Kugeln formen und eine Kerze hinein stecken. Die Kerze herausnehmen und die Kugeln trocknen lassen. In kräftigen Farben bemalen – zum Beispiel, wie hier, mit Hobby-Lackfarbe für eine schöne blanke Oberfläche. Die fertigen Kerzenleuchter an einem relativ ungestörten Platz mit Weihnachtsschmuck zu einem dekorativen Stillleben arrangieren. Jeden Tag wird ein Lichtlein mehr angezündet – dann verstehen auch die Kleinsten, dass es endlich Weihnachten ist, wenn alle Kerzen brennen!

Weihnachtskuchen

150 g Butter
200 g Rohrzucker
3 mittelgroße Eier
150 g Marzipan
1 Tl Kardamompulver
1 El Vanillezucker
250 g Mehl

2 Tl Backpulver
75 g Rosinen
125 getrocknete Südfrüchte in Würfeln
50 g ganze Mandeln, abgezogen

Puderzucker oder Zuckerguss zum Verzieren

Zucker und Butter glatt rühren. Nacheinander die Eier einrühren. Marzipan reiben und in die Eimischung geben. Mehl, Kardamom, Vanillezucker, Backpulver, Rosinen, Südfrüchte und Mandeln mischen und mit der Eimischung zu Teig verarbeiten.
Den Teig in eine gefettete Springform geben.
Den Kuchen nach Geschmack mit den Mandeln verzieren und bei 150°C etwa eine Stunde backen. Dann eine Gabel oder Stricknadel in den Kuchen stechen – bleibt noch Teig daran hängen, muss er noch etwas länger backen. Nach dem Abkühlen nach Geschmack mit Puderzucker und Zuckerglasur verzieren.

Arme Ritter

8 Scheiben Toast
150 ml Milch
50 g Zucker
1 Tl Zimt
Butter zum Braten

Die Toastscheiben in die Milch legen und mit Zimt und Zucker bestreuen. Butter in eine Pfanne geben und die Brotscheiben darin auf mittlerer Temperatur goldbraun braten. Mit Marmelade oder Sirup servieren.

Eine hübsche Lichterkette mit selbst gemachten Lampenschirmen: Stoffreste auf Karton kleben und Kreise ausschneiden. Nehmen Sie dazu ein Trinkglas als Schablone. Die Kreise um die Lichter herum zu Tüten drehen und festkleben oder -tackern.

Ein kleines Tablett oder einen Teller mit Mosy auslegen und mit Kerzen und frischen Rosen dekorieren. Die Lücken mit Tannenzapfen und frischen grünen Blättern füllen.

Zu Beginn der Adventszeit steht uns der Sinn vielleicht noch nicht nach den tiefroten, weihnachtlichen Tönen. Dann ist so ein Gesteck aus pastellfarbenen Rosen genau das Richtige. Ein Gefäß mit Mosy füllen und die Rosen dicht an dicht hinein stecken. Die Lücken mit Eukalyptusblättern füllen. So ein schöner Zinkkasten passt besonders gut zu den frischen, hellen Rosen. Achten Sie darauf, dass das Mosy stets gut feucht bleibt.

Ein Tipp zum Kissennähen: Schneiden Sie den Stoff genau in der Kissengröße zu – ohne Nahtzugabe. Dann bleiben die fertig bezogenen Kissen schön straff und prall. Für die vordere Kissenpatte zwei bis drei Stoffstreifen rechts auf rechts zusammensteppen, nach Geschmack mit Bändern verzieren. Das Rückenteil rechts auf rechts aufsteppen. An einer Seite einen Schlitz zum Wenden offen lassen. Den Kissenbezug wenden, auf das Kissen ziehen und den Schlitz per Hand mit kleinen Stichen zusammennähen. Zum Schluss Glöckchen an alle vier Spitzen nähen.

Leckereien und Geschenke

Der Advent ist der Tradition nach die Zeit des Wartens auf Jesu Geburt. Die Bezeichnung ist eine Kurzform des lateinischen Adventus Domini, zu deutsch die Ankunft des Herrn. Heute feiern wir diese Zeit, indem wir jeden Sonntag vor Weihnachten eine weitere Kerze im Adventskranz anzünden und es uns zusammen mit Freunden und Familie beim Adventskaffee wohl sein lassen.

So ein kunterbuntes Kuscheltuch für das allerkleinste Familienmitglied ist schnell gemacht. Zwei Samtquadrate zuschneiden. Bunte Stoffbänder in verschiedenen Breiten und Qualitäten doppelt legen und mit der Schlaufe nach innen auf die rechte Stoffseite heften. Das zweite Stoffstück rechts auf rechts darauf legen und rundherum zusammen steppen. Einen kleinen Schlitz offen stehen lassen. Die Arbeit wenden und den Schlitz von Hand zunähen.

Dieses Jahr bekommt Mama einen kunterbunt bemalten Holzarmreifen. Rohlinge und Farben gibt es im Bastelladen.

Vater und Sohn kümmern sich um den Adventsschmuck. Es gibt viele verschiedene Versionen von Leuchtern, die man nach eigenem Geschmack mit dekorativem Krimskrams füllen kann. Unsere beiden Männer haben sich für Marshmallows und Zimtstangen entschieden.

Aus Metall-Buttons aus dem Hobbyladen werden mit wenigen Handgriffen die wunderbarsten Broschen! Ein Stoffkreis, der rundum etwas größer ist als der Button, wird mit Heftstichen an der Rückseite festgenäht. Der Stoff soll schön straff sitzen. Dann mit Glitterkleber, Pailletten und Knöpfen nach Herzenslust verzieren.

Einen Haarspangen-Rohling aus dem Bastelladen an einem Ende mehrmals fest mit Silberdraht umwickeln. Bunte Perlen in verschiedenen Größen auf den Draht ziehen und diesen weiter um den Rohling wickeln, bis er oben dicht mit Perlen besetzt ist. Zum Schluss den Draht noch einmal fest um das andere Ende wickeln – fertig ist die Spangen-Kreation passend zum Festkleid!

So macht man die Makramee-Armbänder aus Leder: Umfang des Handgelenks messen und 4 cm zugeben. Ein Lederband auf die doppelte Länge zuschneiden und einen Knopf in die Mitte ziehen. Ein weiteres Band auf die vierfache Länge zuschneiden, knapp unter dem Knopf beginnend über dem doppelten Band festknoten – abwechselnd über und unter dem Mittelband, damit sich keine Spirale bildet. Die Bandenden gut festziehen und den Überstand abschneiden. Einen Knoten für das »Knopfloch« in das Ende schlagen.

Der Schlüsselanhänger wird wie das Armband gearbeitet, doch statt des Knopfes kommt ein Schlüsselring in die Mitte. Nach etwa 10 cm einen Knoten in alle vier Enden schlagen und eine Perle auf jedes Fadenende ziehen, einen Knoten schlagen und Faden abschneiden.

Perlenarmband: Je drei Fäden gewachstes Baumwollgarn oder Lederschnur (Handgelenksumfang + 10 cm) zuschneiden und Perlen aufziehen. Die Fäden zusammennehmen und so übereinander legen, dass auf jeder Seite 3 Enden überstehen. Ein Stück Garn mehrmals über die Verbindungsstelle knoten (etwa 2–3 cm). Je eine Silberperle auf die Fadenenden ziehen und festknoten.

Aus einem Marmeladenglas kann man die fantasievollsten »Schneekugeln« basteln. Einfach eine Plastikfigur auf die Innenseite des Schraubdeckels kleben. 2 Teile Glyzerin, 1 Teil Wasser und eine Handvoll Glitter mischen und in das saubere Glas füllen. Deckel fest aufschrauben, umstülpen – und schon schneit es!

Orangenmarmelade

2 unbehandelte Orangen
500 ml Wasser
500 g Zucker
25 g frischer Ingwer,
geschält und in Scheiben

Die Orangen in dünne Scheiben schneiden, diese nochmals halbieren. Mit Wasser, Zucker und Ingwer aufkochen und etwa eine Stunde köcheln lassen, dabei gelegentlich umrühren. Den Ingwer entfernen und die Marmelade in sterilisierte Gläser füllen.

Nougat-Croissantes

Ergibt 6 Stück
1 Dose Croissant-Teig
75 g Marzipan
50 g Nougat
Flüssige Schokolade nach Geschmack

Den Teig mit Marzipan und Nougat belegen. Die Croissants formen, auf ein mit Backpapier ausgelegtes Backblech legen und nach Packungsanweisung backen.
Nach Geschmack Schokolade im Wasserbad schmelzen und die Croissants damit verzieren. Warm servieren.

Ein perfekter Snack für unerwartete Gäste, zum Frühstück, zum Brunch, zum Adventskaffee oder einfach nur für zwischendurch!

Weihnachts-Konfitüre

500 g Waldbeeren oder eine Mischung aus Himbeeren und schwarzen Johannisbeeren
100 ml Orangensaft
1 Streifen unbehandelte Orangenschale
1 Zimtstange
4 Gewürznelken
250 g Zucker
1 Tl Geliermittel für Marmelade

Die Beeren mit Orangensaft und -schale, Zimt und Gewürznelken aufkochen, dann 5 Minuten sprudelnd kochen lassen. Zucker zugeben und noch 10 Minuten bei mittlerer Temperatur ziehen lassen. Die Zimtstange herausnehmen. Geliermittel mit 1 Esslöffel Zucker mischen und in die Marmelade geben, noch 2 Minuten kochen. Die Marmelade auf sterilisierte Gläser füllen, abkühlen lassen und im Kühlschrank aufbewahren.

Haferflockentrüffel mit Walnüssen

Ergibt etwa 20 Stück
150 g Schokolade
150 g Puderzucker
100 ml gehackte Walnüsse
125 g Haferflocken
50 g gehackte Orangen
1 Tl Rum-Essenz
100 g Kuvertüre

Die Schokolade im Wasserbad schmelzen. Puderzucker, Nüsse, Haferflocken, Orangen und Rum-Essenz zugeben und gut mischen. Die Trüffelmasse zu Kugeln rollen und in den Kühlschrank stellen. Wenn die Trüffel fest geworden sind, mit geschmolzener Kuvertüre überziehen und in Konfekthülsen setzen.

Milchreis

Ergibt 4 Portionen
200 ml Wasser
175 g Milchreis
1 l Milch
Salz
Butter
Zimt-Zucker

Das Wasser in einem Topf mit dickem Boden aufkochen lassen, den Reis zugeben und 1–2 Minuten unter ständigem Rühren kochen.
Die Milch zugeben und den Milchreis wieder aufkochen lassen, dabei ständig rühren. Dann 1 Stunde auf schwacher Hitze ziehen lassen, dabei regelmäßig umrühren.
Den Milchreis mit Salz abschmecken und mit einem Klecks Butter und Zimtzucker servieren.

Mini-Marshmallows mit Schokolade

1 Paket Mini-Marshmallows
150 g Schokolade

Die Schokolade im Wasserbad schmelzen und die Marshmallows darin wenden. Mit zwei Löffeln kleine Portionen auf eine Schicht Alufolie setzen und die Schokolade fest werden lassen.

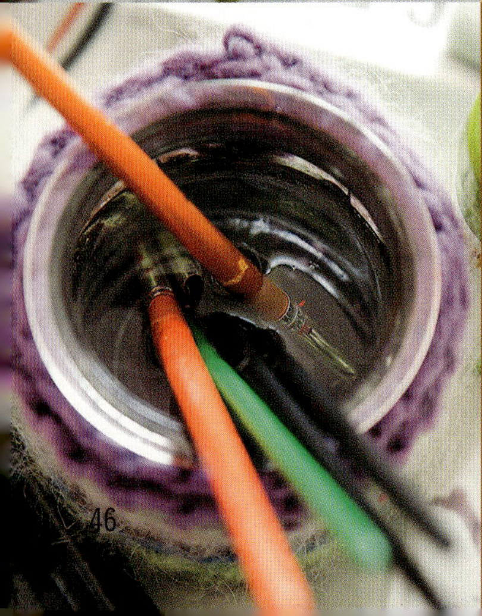

So ein schönes Weihnachtsambiente ist schnell gezaubert: Für die rote Tischdecke haben wir verschieden gemusterte Stoffstreifen rechts auf rechts zusammengenäht und rundherum gesäumt.
Die frischen roten Rosen stecken in einer Schale mit Eiswürfeln und in Marmeladengläsern.
Der Adventskalender besteht aus schlichten weißen Papiertüten mit aufgedruckten Zahlen, die an eine Wäscheleine geklammert wurden. Die Holzklammern haben die Kinder selbst mit Plakafarbe bunt bemalt. Für das I-Tüpfelchen sorgen farbenfrohe Glasvögel zum Anklemmen.

Weihnachtsschnaps

mit Zimt, Orangen und Kaffeebohnen

1 unbehandelte Orange
30 Kaffeebohnen
30 Zuckerwürfel
1 große Zimtstange
1 Flasche Kümmel oder ein anderer neutraler Schnaps

Die Orange mit einem Kartoffelschäler dünn schälen. Die Schale zusammen mit Kaffeebohnen, Zuckerwürfeln und Zimt in eine saubere Flasche geben. Mit dem Schnaps aufgießen und die Flasche verschließen.
Eine Woche stehen lassen, dann durch einen Kaffeefilter abseihen – auf Ihr Wohl!

Schoko-Popcorn

50 g Popcorn-Mais
2–3 El Öl
300 g Schokolade

Das Öl in einem Topf erhitzen. Mais zugeben, Deckel auflegen und erst wieder abnehmen, wenn es aufgehört hat, im Topf zu knallen. Die Schokolade im Wasserbad erhitzen und das Popcorn darin wenden. Mit zwei Löffeln kleine Portionen auf eine Schicht Alufolie setzen, bis die Schokolade fest geworden ist.

Cornflakes-Kekse

Ergibt etwa 30 Stück
200 g Schokolade (dunkle oder helle)
75 g Cornflakes
Bunte Zuckerstreusel

Die Schokolade hacken und im Wasserbad schmelzen. Die Cornflakes darin wenden. Mit zwei Löffeln kleine Portionen auf eine Schicht Alufolie setzen und mit den Zuckerstreuseln bestreuen, bevor die Schokolade fest geworden ist.

Fingerstricken ist ganz leicht: Man schlingt den Faden locker um jeden Finger, nur der Daumen bleibt frei. Dann wird der Faden vom kleinen Finger, vorne und etwas oberhalb der einzelnen Schlaufen, zurück in Richtung Daumen geführt und zwischen Daumen und Zeigefinger nach hinten hängen lassen. Beim Zeigefinger angefangen, zupft man jede Schlaufe nach vorn, zieht sie über den Faden und schiebt sie über die Fingerspitze nach hinten. Dadurch entstehen neue Schlaufen. Nun wird der Faden wieder nach vorne gelegt und die nächste Reihe wird wie die erste gearbeitet. Wenn die so entstandene Strickwurst lang genug ist, zieht man den Faden einfach durch die verbliebenen Maschen.

Spanschachteln sind schon für sich allein genommen wunderschöne Weihnachtsgeschenke. Die Kinder können sie nach Herzenslust bemalen und verzieren – zum Beispiel mit Glitter, Perlen und Glanzbildern.

Die Marienkäfer bestehen aus runden Steinen, die die Kinder im Sommer am Strand aufgelesen haben. Aus kleinen Steinen kann man prima Magneten für den Kühlschrank basteln – und Opa freut sich über einen ganz großen als Briefbeschwerer.

Kinder- und Babybettwäsche kann man ganz leicht selbst nähen. Die Bettdecke ausmessen und zwei Stoffbahnen mit rundherum 1–2 cm Nahtzugabe sowie 4 cm für die Verschlusskante zuschneiden. Die Stoffbahnen rechts auf rechts an drei Seiten zusammensteppen und die Kanten ketteln. Die Stoffkante am Fußende 1 cm nach links umschlagen, festbügeln. Noch einmal 3 cm umschlagen, wieder bügeln und die Kante feststeppen. Je drei Knopflöcher in eine Kante arbeiten und 3 Knöpfe an der anderen festnähen. Machen Sie gleich noch einen Kissenbezug dazu. Für Babybettwäsche und für Kissen die Knöpfe weglassen.

Tipp: Baumwollstoff ist am besten geeignet. Vor dem Verarbeiten bei 40 Grad waschen.

Würfel sind ebenfalls prima Weihnachtsgeschenke, die die Kinder selbst basteln können. Bemalen Sie Holzwürfel aus dem Bastelgeschäft schwarz mit weißen Punkten oder weiß mit schwarzen Punkten. Die Ziffern an den gegenüberliegenden Flächen müssen immer die Summe Sieben ergeben – also 3 und 4, 2 und 5, 1 und 6. Hinein in einen fertig gekauften Würfelbecher – und die Geschenke für Papa, Opa und die Onkels sind geritzt.

Cranberryschnaps

250 g Zucker
100 m Wasser
250 g Cranberries
1 Flasche Vodka oder Kümmel

Wasser und Zucker aufkochen, bis der Zucker gelöst ist. Die Cranberries mit der Zuckerlösung übergießen und abkühlen lassen. Dann in eine saubere Flasche geben und mit dem Schnaps übergießen. Vor dem Servieren mindestens eine Woche stehen lassen.

Pfeffernuss und Mandelkern

Braune Kuchen, Pfeffernüsse und Honigkuchen werden schon seit Generationen in der Adventszeit gebacken. Eine wichtige Zutat in all diesen Rezepten ist Zimt. Es wird aus der getrockneten Rinde des Zimtbaums gewonnen, der vor allem in Indien und auf Sri Lanka gedeiht. Zimt ist in Europa schon seit dem 9. Jahrhundert bekannt. Heute verwenden wir Zimtstangen auch häufig als wohl duftende Dekoration.

Apfel-Muffins

Ergibt 10 Stück
50 g Mandeln
200 ml Zucker
250 ml Weizenmehl
1/4 Tl Backpulver
3 große Eiweiß
100 ml zerlassene Butter
1 großer Apfel
2 El Zimtzucker
10 Muffin-Förmchen

Die Mandeln im Mixer mahlen und mit Zucker, Mehl und Backpulver mischen. Erst das Eiweiß, dann die Butter zugeben und alles zu einem glatten Teig verarbeiten. Den Apfel in 20 dünne Schnitze schneiden. Den Teig in die Muffin-Förmchen geben und je zwei Apfelschnitze darauf legen. Mit Zimtzucker bestreuen und bei 180°C etwa 20 Minuten backen.

Schoko-Orangenkuchen

200 g Butter
200 g Zucker
3 mittelgroße Eier
1 Tl Backpulver
Abgeriebene Schale von
1 unbehandelten Orange
250 g Mehl
100 g Zartbitterschokolade, grob gehackt

Puderzuckerglasur und bunte Streusel zum Verzieren

Butter und Zucker schaumig rühren. Nach und nach die Eier zugeben. Mehl, Backpulver und die Orangenschale mischen und dazu geben. Zuletzt die gehackte Schokolade einrühren und den Teig in eine gefettete Kastenform geben.
Bei 160°C etwa eine Stunde backen. Dann eine Gabel oder Stricknadel in den Kuchen stechen – bleibt noch Teig daran hängen, muss er noch etwas länger backen.
Nach dem Abkühlen nach Geschmack mit Puderzuckerglasur und bunten Streuseln verzieren.

Kalte Hundeschnauze (Kekstorte)

3 Eier
150 g Puderzucker
250 g Palmin
125 g Kakao
1 Paket Butterkekse

Eier und Puderzucker schaumig rühren. Palmin im Topf zerlassen, mit dem Kakao verrühren und etwas abkühlen lassen. Dann nach und nach in die Eimischung einrühren.
Eine kleine Kastenform (1 Liter) mit Backpapier auskleiden. Dann abwechselnd je eine Schicht Kakaomasse und Kekse in die Form geben – zuletzt eine Schicht Kakaomasse. Den Kuchen zum Festwerden in den Kühlschrank stellen. Unmittelbar vor dem Servieren aus dem Kühlschrank nehmen und in dünne Scheiben schneiden.

Tipp:
Variieren Sie den Kuchen einmal mit geriebener Orangenschale, starkem Kaffee, Zimt, Cognac oder Orangenlikör. Verzieren sie ihn vor dem Abkühlen mit Mandeln, Haselnuss- oder Mandelsplittern.

Vanille-Kringel

Ergibt etwa 30 Stück
300 g Mehl
Mark von 1 Vanillestange
Abgeriebene Schale von
1 unbehandelten Orange
125 g Zucker
100 g gehackte Mandeln
175 g Butter
1 mittelgroßes Ei

Mehl, Vanillemark, Orangenschale, Zucker und Mandeln mischen. Die Butter in Flocken darüber geben, dann das Ei zugeben und alles gut verkneten. Vor dem Weiterverarbeiten mindestens 30 Minuten in den Kühlschrank stellen.

Den Teig in eine Spritztüte mit Sterntülle füllen. Etwa 10 cm lange Streifen spritzen, zu Kringeln oder Herzen formen und auf ein mit Backpapier ausgelegtes Backblech legen. Bei 200°C etwa 8–10 Minuten backen.

Auf einem Kuchenrost abkühlen lassen und in einer luftdicht verschließbaren Dose aufbewahren.

Cookies

Ergibt etwa 16 Stück
125 g Butter
75 g brauner Zucker
75 g weißer Zucker
1 Tl Vanillezucker
2 Tl Zimt
1 Ei
150 g Mehl
1/2 Tl Backpulver
100 g gemischte Nüsse

Butter und Zucker schaumig rühren. Nach und nach Vanillezucker, Zimt und Ei, dann Mehl, Backpulver und zum Schluss die Nüsse zugeben. Mit zwei Löffeln kleine Portionen auf ein mit Backpapier ausgelegtes Backblech setzen. Reichlich Abstand dazwischen lassen! Bei 190°C etwa 10 Minuten goldbraun backen.

Tipp:
Die klassischen Cookies werden mit gehackter Schokolade gebacken – mit Nüssen oder ohne!

Wenn die Untertassen entzwei gegangen sind, sollten Sie die Sammeltassen trotzdem nicht wegwerfen: So schöne Rosenvasen findet man nicht alle Tage!

Schmalz-gebäck

Ergibt etwa 80 Stück
500 g Mehl
1 Tl Hirschhornsalz
1 Tl Kardamom
Abgeriebene Schale von
1 unbehandelten Zitrone
150 g Butter oder Margarine
125 g Zucker
2 Eier
1–2 El Schlagsahne
Palmin zum Ausbacken

Mehl, Hirschhornsalz, Kardamom und Zitronenschale mischen. Die Butter in Flocken dazu geben, dann nach und nach Zucker, Eier und Sahne. Den Teig mindestens 1 Stunde in den Kühlschrank stellen. Der Teig noch einmal durchkneten, dann dünn ausrollen und mit einem Kuchenroller in etwa 2 x 7 cm breite Streifen teilen. In die Mitte jedes Streifens einen Schlitz rollen und ein Teigende hindurch ziehen.
In heißem Palmin goldbraun ausbacken und zum Abtropfen auf ein paar Lagen Küchenpapier legen.

Ingwer-kekse

Ergibt etwa 30 Stück
250 g Mehl
1/2 Tl Hirschhornsalz
1/2 Tl Ingwerpulver
125 g Zucker
200 g Butter
1/2 Ei
1/2 Ei zum Einpinseln
Zimtzucker zum Bestreuen

Mehl, Hirschhornsalz, Ingwer und Zucker mischen. Butter in Flocken dazu geben und einarbeiten. Das Ei zugeben und alles zu einem glatten Teig verkneten.
Ein paar Stunden in den Kühlschrank stellen.
Den Teig ausrollen, Figuren ausstechen und auf ein mit Backpapier ausgelegtes Backblech legen.
Die Kekse mit Ei einpinseln und mit Zimtzucker bestreuen.
Bei 200°C etwa 6 Minuten backen. Auf einem Kuchenrost abkühlen lassen und in einer luftdicht verschließbaren Dose aufbewahren.

Honigkuchen

100 g Butter
150 ml Zucker
100 ml Honig
1 Ei
100 ml Buttermilch
400 ml Mehl
50 g gehackte Orangenschale
1/2 Tl Gewürznelkenpulver
1/2 Tl Ingwerpulver
1 Tl Zimt
1/2 Tl Piment
1 Tl Natron
Puderzucker zum Bestäuben

Butter, Zucker und Honig in einem Topf zerlassen, etwas abkühlen lassen.
Ei, Buttermilch, Mehl und Gewürze zugeben und den Teig in eine mit Backpapier ausgelegte Backform geben.
Bei 150°C etwa 1 Stunde backen. Nach dem Abkühlen mit Puderzucker bestäuben oder mit flüssiger Schokolade verzieren.

Honigkuchenfiguren

425 g Honig
225 g brauner Zucker
100 g Butter
700–750 g Mehl
2 Tl Natron
1 El Lebkuchengewürz

150 Puderzucker
1 Eiweiß
Bunte Streusel oder
Silberperlen

Honig, braunen Zucker und Butter aufkochen, in eine Schüssel gießen und auf Zimmertemperatur abkühlen lassen.
Mehl, Natron und Gewürz mischen und nach und nach in die Honigmischung rühren. Den Teig durchkneten, in Frischhaltefolie wickeln und ein paar Stunden in den Kühlschrank legen.
Dann 1 cm dick auf Backpapier ausrollen und Figuren ausstechen.
Auf ein mit Backpapier ausgelegtes Backblech legen und bei 175°C etwa 12–15 Minuten backen.
Puderzucker und Ei verrühren und die Honigkuchenfiguren nach dem Abkühlen damit dekorieren – zum Beispiel auf traditionelle Art mit Weihnachtsglanzbildern. Wenn man vor dem Backen oben ein Loch einsticht, kann man die Figuren in den Christbaum oder ins Fenster hängen. Mit Namensbeschriftungen werden daraus originelle Tischkarten.

Mithilfe einer Papierschablone Herzen auf Filzstoff zeichnen, ausschneiden und je zwei Lagen rundherum zusammennähen. Oben einen keinen Schlitz offen lassen. Das Herz wenden, mit Watte ausstopfen und den Schlitz per Hand zunähen. Einen bunten Knopf in der Mitte festnähen. Schön als Tischdekoration oder, mit einer Öse zum Aufhängen, als Christbaumschmuck.

Pistazien-Biscotti

Ergibt etwa 25 Stück
2 Eiweiß
100 ml Zucker
100 ml Mehl
75 g Pistazien

Eiweiß sehr steif schlagen, dabei nach und nach den Zucker zugeben.
Mehl und Pistazien vorsichtig unter den Eischnee heben und den Teig auf einem Stück Backpapier auf etwa 10 x 20 cm ausstreichen.
Bei 180°C 20 Minuten backen und auf einem Kuchenrost abkühlen lassen.
Nach dem Abkühlen rund 2 Stunden in den Gefrierschrank legen. Dann schräg in etwa 25 Scheiben schneiden. Die Biscotti wieder auf das Backblech legen und noch einmal 10 Minuten bei 150°C trocknen lassen.
In einer luftdicht verschließbaren Dose aufbewahren.

Zimtschnitten mit Schokolade

Ergibt etwa 60 Stück
200 g Mehl
1/2 Tl Hirschhornsalz
2 Tl Zimt
1/2 Tl Kardamom
200 g Butter
100 g Zucker
100 g feine Kokosflocken
100 g gehackte Zartbitter-schokolade

Mehl, Hirschhornsalz und Gewürze mischen. Butter in Flocken dazu geben, dann Zucker und Kokosflocken zugeben und alles zu einem glatten Teig verkneten.
Den Teig in 3 Teile schneiden, zu langen Würsten formen und auf ein mit Backpapier ausgelegtes Backblech legen. Die Würste flach drücken und bei 175°C etwa 12–14 Minuten backen. Sofort mit der gehackten Schokolade bestreuen. Wenn diese zu schmelzen beginnt, mit dem Messer verstreichen. Den Kuchen in Streifen schneiden, auf dem Kuchenrost abkühlen lassen und in einer luftdicht verschließbaren Dose aufbewahren.

Ein wunderbar duftendes Weihnachtsgesteck: Zartgrüne und weiße Blüten und Blätter dicht an dicht in einen Mosy-Block stecken. Ein paar Tannenzapfen mit Heißkleber in die Lücken kleben. Zwei Zimtstangen mit Golddraht zu einem Kreuz verbinden und in das Gesteck setzen. Das Mosy gut feucht halten.

Pfeffernüsse mit Haselnüssen

Ergibt etwa 60 Stück
275 g Mehl
125 g Zucker
Abgeriebene Schale von
1/4 unbehandelten Zitrone
1/4 Tl weißer Pfeffer
2 Tl Vanillezucker
1/2 Tl Zimt
1/2 Tl Kardamom
1/4 Tl Hirschhornsalz
125 g Butter
1 mittelgroßes Ei
Haselnusskerne

Mehl, Zucker und Gewürze mischen. Butter in Flocken dazu geben und einarbeiten. Das Ei zugeben und alles zu einem glatten Teig verkneten. Den Teig in vier Teile schneiden und zu Rollen formen.
Die Rollen in Scheiben schneiden, auf ein mit Backpapier ausgelegtes Backblech legen und mit den Fingern zu Pfeffernüssen formen. Eine Haselnuss auf jede Pfeffernuss setzen. Bei 200°C etwa 10 Minuten backen.

Zitronenschnitten

Ergibt etwa 45 Stück
200 g Mehl
1/2 Tl Hirschhornsalz
Abgeriebene Schale von
1/2 unbehandelten Zitrone
200 g Butter
100 g Zucker
100 g feine Kokosflocken

100 g Puderzucker
Zitronensaft
Bunte Streusel

Mehl, Hirschhornsalz und Zitronenschale mischen. Butter in Flocken dazu geben und einarbeiten. Mit dem Zucker und den Kokosflocken zu einem glatten Teig verkneten. Den Teig in drei Teile schneiden, zu langen Rollen formen, auf ein mit Backpapier ausgelegtes Backblech legen und flach drücken. Bei 175 °C etwa 12–14 Minuten backen.
Puderzucker und Zitronensaft verrühren und die noch heißen Kuchenstreifen damit glasieren. Mit bunten Streuseln bestreuen. Sofort in Streifen schneiden und auf einem Kuchenrost abkühlen lassen. In einer luftdicht verschließbaren Dose aufbewahren.

Weihnachts-Brownies

250 g Zartbitterschokolade
200 g Butter
250 g brauner Zucker
4 Eier
200 g Mehl
1 El Lebkuchengewürz
2 Tl Backpulver
75 g Nüsse, gerne gemischt
75 g grob gehackte Zartbitterschokolade

Butter und Schokolade in einem Topf auf schwacher Hitze zerlassen. Eier und Zucker schaumig schlagen und mit der Schokoladenbutter verrühren. Mehl, Gewürze und Backpulver mischen und dazu geben. Den Teig in eine gefettete Backform (ca. 20 x 30 cm) geben und mit Nüssen und gehackter Schokolade bestreuen.
Bei 175°C etwa 25–30 Minuten backen und vor dem Anschneiden in der Form abkühlen lassen.

Früchtebrot

250 g Butter
250 g Zuckerrübensirup
3 mittelgroße Eier
200 g Marzipan
200 ml Milch
200 g Mehl
2 Tl Backpulver
1 El Zimt
1/2 Tl Nelkenpulver
1 saftiger Apfel, gewürfelt
100 g Rosinen
75 g ganze Walnüsse

Butter und Sirup glatt rühren. Nach und nach die Eier zugeben.
Marzipan grob raspeln und zu der Eimischung geben. Mehl, Backpulver und Gewürze darüber sieben, Milch zugeben und zu einem glatten Teig verrühren.
Zuletzt die Apfelwürfel, Rosinen und Walnüsse zugeben und den Teig in eine gefettete 2-Liter-Kastenform geben. Bei 175°C etwa 60 bis 75 Minuten backen.
Dann eine Gabel oder Stricknadel in den Kuchen stechen – bleibt noch Teig daran hängen, muss er noch etwas länger backen. Auf einem Kuchenrost abkühlen lassen. Der Kuchen hält sich etwa fünf Tage lang frisch.

In diesem Buch zeigen wir viele Dekorationen mit großen roten Rosen. Wir haben die Sorte Grand Prix verwendet, da diese einfach unglaublich haltbar ist. Die Rosen sind meist schon im Laden voll aufgeblüht, denn sie werden erst geschnitten, wenn die Knospen bereits geöffnet sind. Die Blüten halten sich etwa 8 Tage lang, haben eine samtige Oberfläche und einen zarten, süßen Duft. Eine Luxusrose, die ihr Geld wahrlich wert ist! Es lohnt sich, die Rosen beim Blumenhändler vorzubestellen.

Eine schöne Geschenkidee für Omas und Tanten: Kleine, einfache Motive, von den Kindern mit ein wenig Hilfe selbst gestickt, werden zu niedlichen Nadelkissen oder kleinen Bildern.

Biscotti mit Marzipan

Ergibt 20–25 Stück
250 g Mehl
250 g Zucker
1/2 Tl Backpuver
2 El Vanillezucker
3 Eier
150 g ganze Mandeln
200 g Marzipan, gewürfelt
10 Tropfen Mandelessenz

Mehl, Zucker, Backpulver und Vanillezucker mischen. Das Marzipan mit den Fingern darin verreiben und mit dem verquirlten Ei und der Mandelessenz zu einem leicht klebrigen Teig verrühren.
Den Teig zu drei 4 cm breiten Rollen formen, auf ein mit Backpapier ausgelegtes Backblech legen und bei 175°C ca. 20 Minuten backen.
Nach dem Abkühlen schräg in Scheiben schneiden, wieder auf das Backblech legen und noch einmal 15 Minuten bei 150°C trocknen lassen.

Braune Kuchen

Ergibt etwa 200 Stück
1 1/2 Tl Pottasche
50 ml Wasser
250 g Butter
200 g Zuckerrübensirup
200 g Zucker
500 g Mehl
1 EL Lebkuchengewürz
75 g gehackte Mandeln
50 g gehackte Orangenschale oder Sukkade

Die Pottasche in dem Wasser auflösen.
Butter, Sirup und Zucker aufkochen lassen und die Pottaschelösung einrühren. Etwas abkühlen lassen.
Mit den restlichen Zutaten zu einem glatten Teig verrühren und zu ca. 4 cm dicken Rollen formen.
Die Rollen über Nacht in den Kühlschrank stellen, dann in dünne Scheiben schneiden und auf ein mit Backpapier ausgelegtes Backblech legen. Bei 180°C etwa 8–10 Minuten backen – dabei darauf Acht geben, dass sie am Rand nicht zu dunkel werden.

Schoko-Muffins

Ergibt etwa 18 Stück
250 g Butter
2 El Kakao
250 g Zucker
3 mittelgroße Eier
150 ml Milch
200 g Mehl
1 Tl Backpulver

Muffinförmchen
Deko-Streusel oder Sternchen
Puderzuckerglasur
evtl. Lebensmittelfarbe

Butter auf schwacher Hitze zerlassen und den Kakao einrühren. Eier und Zucker mit dem Handmixer steif schlagen. Bei laufendem Mixer Milch, dann Mehl und Backpulver zugeben. Zum Schluss die leicht abgekühlte Butter zugeben. Den Teig auf Muffinförmchen verteilen und bei 175°C etwa 20 Minuten backen. Dann eine Gabel oder Stricknadel in den Kuchen stechen – bleibt noch Teig daran hängen, müssen die Muffins noch etwas länger backen. Nach dem Abkühlen nach Geschmack mit Glasur und Deko-Streuseln verzieren.

Zimtzopf

25 g Hefe
200 ml handwarme Milch
1 Ei
50 g Zucker
1 Msp Salz
Etwa 400 g Mehl

75 g Butter
75 g Zucker
75 g geraspeltes Marzipan
2 Tl Zimt

Ei zum Einpinseln
Haselnussflocken
Puderzucker

Die Hefe mit der Mich verrühren und 5 Minuten stehen lassen. Das Ei mit der Milch verquirlen. Zucker, Salz und 2/3 des Mehls zugeben. Die Butter in dem Teig verreiben. Das restliche Mehl zugeben und alles zu einem glatten, nicht zu klebrigen Teig verkneten.

Den Teig etwa 45 Minuten gehen lassen, dann nochmals durchkneten und zu drei langen Würsten formen. Die Würste mit einer Mischung aus Butter, Zucker, Marzipan und Zimt bestreichen und zu einem Zopf flechten. Nochmals 30 Minuten gehen lassen, mit verquirltem Ei einpinseln und mit Haselnussflocken bestreuen. Den Zopf bei 200°C etwa 20 Minuten backen. Noch warm mit Puderzucker bestäubt servieren.

Wenn es draußen bitterkalt ist und der Frost in Finger und Wangen kneift, kuscheln wir uns behaglich in wollene Schals und Handschuhe. Die fingerlosen Fäustlinge auf dem großen Bild haben wir aus ein paar gekauften Wollhandschuhen selbst gemacht: Finger abschneiden (Daumen nicht vergessen), den Rand mit der Nähmaschine ketteln und mit je zwei Reihen fester Maschen umhäkeln. Wir haben grünes Garn genommen und gleich noch ein Herz auf den Handrücken gestickt.

Kalte Bäckchen und warme Fäustlinge

Schon die Wikinger feierten Ende Dezember, zur Zeit der Wintersonnenwende, das Julfest zu Ehren ihrer Götter Njord, Frej und Odin. Später wurde dieses Datum vom christlichen Weihnachtsfest vereinnahmt. Das klassische skandinavische Wintergetränk war seit jeher »Glødet Vin« – ein Vorläufer des heutigen Glühweins. Seit Anfang des 20. Jahrhunderts ist Glühwein in Nordeuropa zu einer echten Weihnachtstradition geworden. Was gibt es Schöneres, als in weiche Schals und dicke Jacken gehüllt, mit einer Thermoskanne voll heißem Glühwein bewaffnet, einen Spaziergang in der kalten Winterluft zu genießen?

Kinder-Glühwein

Ergibt 8 Gläser
300 ml Holunderbeer- oder Johannisbeersaft
2 Zimtstangen
1 keines Stück getrockneter Ingwer
6 leicht zerdrückte Kardamomkapseln
10 Gewürznelken
75 g Zucker
700 ml Wasser
100 g Rosinen
50 g Mandelsplitter

Saft, Gewürze und Zucker kurz aufkochen und über Nacht stehen lassen. Abseihen und zusammen mit Wasser, Rosinen und Mandelsplittern erhitzen, jedoch nicht kochen. Heiß servieren.

Wer geschickte Hände hat, kann diese Christbaum-Skulptur leicht nacharbeiten: Das Jahr über Äste sammeln – wir haben Apfelbaumholz genommen – und in kurze Stücke sägen. Dann mit Heißkleber zu einer Tannenform zusammensetzen. Zum Schluss mit Lichterketten umwickeln. Sehr einladend vor dem Hauseingang oder, wie hier, als dekoratives Terrassen-Stillleben.

Schleswig-Holsteiner Förtchen

Ergibt etwa 30 Stück	Abgeriebene Schale von 1/2 unbehandelten Zitrone
500 ml Mehl	3 Eier
1/2 Tl Salz	400 ml Buttermilch
1 El Zucker	Butter oder Öl zum Backen
1 Tl Natron	

Mehl, Salz, Zucker, Natron und Zitronenschale mischen. Eigelbe und Buttermilch verquirlen und mit dem Mehl verkneten. Das Eiweiß steif schlagen und unter den Teig heben.
Die Förtchenpfanne anwärmen, etwas Butter oder Öl in jede Vertiefung geben und diese zu drei Vierteln mit Teig füllen. Die Förtchen wenden, sobald die Teigränder fest werden.
Nach Geschmack vorher gewürfelte Äpfel oder einen Löffel Apfelmus darauf geben.
Die Förtchen im Ofen warm halten und mit Marmelade und Zucker servieren.

Weißer Glühwein

Ergibt 6–8 Gläser
200 ml Wasser
75 g Zucker
1 Zimtstange
6 Gewürznelken
Saft und abgeriebene Schale von 1 unbehandelten Orange
1 Flasche Weißwein
100 ml Cognac oder Cointreau
2 Orangen
lange Zimtstangen

Wasser, Gewürze und Zucker aufkochen, vom Herd nehmen und mindestens 1 Stunde – gern über Nacht – stehen lassen. Abseihen und mit Orangensaft und -schale, Weißwein und Cognac erhitzen, jedoch nicht kochen lassen. Dampfend heiß mit einer Orangenscheibe und einer langen Zimtstange zum Umrühren servieren.

Gløgg

Ergibt 6–8 Gläser
300 ml Wasser
2 Zimtstangen
1 kleines Stück getrockneter Ingwer
6 leicht zerstoßene Kardamomkapseln
10 Gewürznelken
150 g Zucker
100 g Rosinen
200 ml Cognac oder Aquavit
1 Flasche trockener Rotwein
50 g Mandelspitter

Wasser, Gewürze und Zucker aufkochen, vom Herd nehmen und über Nacht stehen lassen. Die Rosinen über Nacht in dem Cognac einweichen.
Gewürze abseihen und mit Rotwein, Rosinen, Cognac und Mandelsplittern erhitzen, jedoch nicht kochen lassen. Dampfend heiß servieren.

Marshmallow-Konfekt

1 Tüte Marshmallows
100 g Zartbitterschokolade
Bunte Streusel

Schokolade im Wasserbad schmelzen, die Marshmallows hinein tauchen und sofort mit den Dekostreuseln garnieren.

Heißer Kakao mit Marshmallows

Ergibt 4 Gläser
600 ml Milch
2 El Zucker
2 El Kakao
1 Tl Vanillezucker
4 Marshmallows

Zucker, Kakao und Vanillezucker mischen und unter ständigem Rühren in der Milch aufkochen. Marshmallows in Gläser geben und mit dem Kakao übergießen. Natürlich können Sie die Marshmallows auch weglassen, aber für die Kinder ist es nun mal das Schönste!

Selbst genähte Weihnachtsmann-Mützen sind einfach der Hit! Dafür drei lange Dreiecke zur Tüte zusammennähen, Kanten ketteln und eine breite, doppelt gelegte Kante aus Wollfilz annähen. Einen Pompon an die Spitze nähen. Nicht vergessen, vorher den Kopfumfang Ihrer Zwerge zu messen, damit die Mütze auch gut passt.

Holundergrog

300 m Holunderblütensirup
1 keines Stück
getrockneter Ingwer
2 Zimtstangen
700 ml kochendes Wasser

Ingwer und Zimt über Nacht in dem Sirup ziehen lassen. Abseihen und mit kochendem Wasser aufgießen. Nach Geschmack einen Schuss Rum zugeben und sofort servieren.

Kerzen und frische Blumen sind immer eine schöne Kombination, zum Beispiel wie hier auf dem Fensterbrett. Ein Marienbild, ein Strauß frischer hellvioletter Rosen, Kerzen in Silberhaltern oder Glasgefäßen voller Eiswürfel – fertig ist das weihnachtliche Stillleben.

Die kleinen Christbäumchen haben wir aus Efeu gebastelt. Sammeln Sie schon vor dem ersten Frost grünes Laub – in Wasser hält es sich ein paar Wochen lang frisch. Stängel abschneiden und die Blätter, an der Spitze angefangen, mit Gold- oder Silberdraht um kleine Mosy-Kegel wickeln. Vorher ein paar Anhänger auf den Draht fädeln. An der Spitze ein Herz oder einen Stern aus Draht anbringen. Machen Sie ruhig mehrere für einen kleinen Winterwald auf dem Fensterbrett.

Die schicke Brosche ist mit ein paar Handgriffen gemacht: Aus Filz und einem farblich passenden Stoff zwei Kreise ausschneiden. Am Rand mit Heftstichen entlang nähen und den Faden zusammenziehen, sodass die Kreise etwa um die Hälfte kleiner werden und sich ein Umschlagsaum bildet. Kreise aufeinander legen und mit einen Knopf in der Mitte annähen. Vom Knopf aus mit stärkerem Faden Überwendstiche um die Kante machen. Eine Broschennadel auf der Rückseite festnähen.

Dieser Mini-Christbaum ist ein Fruchtstand des Mammutblattes (Gunnera). Wir haben ihn in einen mit Kies gefüllten dekorativen Übertopf gestellt und den Boden mit Silberkugeln bedeckt. Das »Bäumchen« hält sich wochenlang, wenn Sie den Fruchtstand schon vor dem ersten Frost abschneiden und ihn in einen Mosy-Block stecken. Regelmäßig gießen nicht vergessen.

Verwöhnen Sie sich und Ihre Lieben mit Schals im Zickzackmuster. Sie sind schnell gehäkelt – und passen prima zum Lieblings-Wintermantel!

Kleine Geschenke für die Freundinnen: Aus bunten Stoffresten einen breiten und zwei schmalere Steifen in Schallänge zuschneiden. Die schmaleren Streifen beidseitig des breiteren annähen und die Kanten ketteln. Die Kantenstreifen zum Saum umlegen und mit Zierstich rundherum fest steppen. Bügeln – und verschenken!

Glühwein

Ergibt 5–6 Gläser
1 Flasche leichten Rotwein
2 Zimtstangen
4 Gewürznelken
Abgeriebene Schale
von 1 unbehandelten Orange
Abgeriebene Schale
von 1 unbehandelten Zitrone
2 El Honig
50 g Mandelsplitter

Den Rotwein mit Zimt, Nelken und den Zitrusschalen erhitzen, jedoch nicht kochen lassen. Mit Honig abschmecken. Mandelsplitter auf Gläser verteilen und mit dem Glühwein aufgießen. Sofort servieren.

Aus Salzteig kann man wunderschöne Dekorationen basteln. Wir haben Brezeln gemacht und sie nach dem Backen mit goldener und weißer Farbe angemalt.

400 ml Mehl
200 ml Salz
150 ml Wasser
4 El Speiseöl

Die Zutaten sehr gründlich im Mixer verkneten – etwa 10 Minuten lang – und den Teig zugedeckt eine Stunde stehen lassen.
Dann den Teig nochmals durchkneten und, wenn nötig, mehr Mehl zugeben. Er soll nicht zu klebrig sein. Ist er zu trocken, handwarmes Wasser zugeben. Ausrollen und Figuren ausstechen oder kleine Würste rollen und zu Kringeln oder Brezeln formen.

Die Backzeit richtet sich nach der Dicke der Figuren – gehen Sie dabei nach Gefühl! Unsere Brezeln wurden 1 1/2 Stunden bei 100°C gebacken. Die Figuren sollen ganz hart und trocken sein.

Für eine glatte, glänzende Oberfläche die Kringel nach einer Stunde Backzeit mit Salzwasser einpinseln oder nach dem Trocknen mit Hobbylack bemalen.

Duftende Gewürz-Orangen dürfen in der Adventszeit einfach nicht fehlen! Orangen oder Mandarinen mit Gewürznelken spicken – entweder in Mustern oder, wenn Sie ganz viel Geduld haben, dicht an dicht.
Tipp: Mit Fingerhut geht es besser! In Küchenfachgeschäften gibt es Zestenreißer zu kaufen, mit denen man Muster in Zitrusfrüchte ritzen kann – eine Superlösung für ganz Eilige!

Diese Weihnachtszwerge wurden nach einem fertig gekauften Schnittmuster gearbeitet. Wir haben hier typische Weihnachtsfarben vermieden – dadurch wirken die kleinen Kerlchen frecher und persönlicher und die Kinder werden das ganze Jahr über damit spielen!
Tipp: Nähen Sie eine kleine Garderobe zum Wechseln!

Adventsgestecke selbst gemacht: Einen Mosy-Ring mit Plastikboden (gibt es beim Blumenhändler) mit frischen Rosen, Nelken, Hortensien, Eukalyptusblättern und grünen Beeren bestecken und locker mit Golddraht umwickeln. Metallschildchen mit Zahlen beschriften und auf Silberdraht fädeln. Eine farblich passende Stumpenkerze mit dem Draht umwickeln und in die Mitte stellen. Brennende Kerzen nie unbeaufsichtigt lassen.

Kränze und Konfekt

Wann der erste Adventskranz entstanden ist, weiß man nicht genau – gefestigt jedenfalls hat sich die Tradition im späten 19. Jahrhundert. Ursprünglich hatte die Farbe der Kerzen religiöse Bedeutung, es gab dabei jedoch regionale Unterschiede. Violett, die liturgische Farbe des Übergangs und der Verwandlung, war sehr verbreitet. Der Kreis aus Tannengrün symbolisiert das ewige Leben. Inzwischen muss der Kranz zwar nicht mehr unbedingt aus Tannengrün bestehen, doch die Farbe Violett ist nicht so modern und unkonventionell, wie sie uns heute erscheinen mag.
Zur Adventszeit dürfen natürlich auch duftende Knabbereien nicht fehlen – in der alten Zeit waren Gewürze sehr kostbar und wurden daher nur für ganz besondere Anlässe verwendet.

Schoko-Müsli-Knusperle

Ergibt etwas 20 Stück
200 g Müsli
75 g Rosinen
150 g Zartbitterschokolade

Die Schokolade im Wasserbad schmelzen und das Müsli und Rosinen darin wenden. Mit zwei Löffeln kleine Portionen auf eine Schicht Alufolie setzen, bis die Schokolade fest geworden ist. Das Konfekt in einer luftdicht verschließbaren Dose aufbewahren. Nicht in den Kühlschrank stellen, da die Schokolade sonst grau wird.

Trüffel

Ergibt etwa 20 Stück
200 Bitterschokolade
(mindestens 70 %)
100 ml Sahne
1 El Whisky
Konfekthülsen

Die Schokolade mit der Sahne unter Rühren im Wasserbad schmelzen, mit Whisky abschmecken und etwas abkühlen lassen. Wenn die Trüffelmasse beginnt, steif zu werden, in eine Spritztüte füllen und portionsweise in die Konfekthülsen spritzen. Bis zum Servieren in den Kühlschrank stellen.

Gebrannte Mandeln

250 g Mandeln
250 g Zucker
50 ml kaltes Wasser

Den Zucker in einem Topf schmelzen, Wasser zugeben und aufwellen lassen. Die Mandeln mithilfe einer Gabel in der Karamellmasse wenden. Wenn die Mandeln gleichmäßig mit Karamell überzogen sind, auf mit Speiseöl eingepinseltes Backpapier gießen und mit den Gabeln gleichmäßig darauf verteilen. In einer luftdicht verschließbaren Dose aufbewahren.

Haferflocken-Kugeln

Ergibt etwa 20 Stück
100 g zimmerwarme Butter
150 g Puderzucker
100 ml Kokosflocken
150 g Haferflocken
50 ml Kakaopulver
2 Tl Rum-Essenz
1 El Wasser
Kokosraspeln oder
bunte Streusel zum Verzieren

Alle Zutaten verrühren. Die Masse zu kleinen Kugeln formen und in Dekostreuseln oder Kokosraspeln rollen.

Rumpflaumen

20 große, saftige Backpflaumen ohne Steine
50 ml Rum
100 g Marzipan
200 g Zartbitterschokolade
Kandierte Veilchen

Die Backpflaumen über Nacht in den Rum einlegen. Abtropfen und mit Marzipan füllen. Schokolade hacken und im Wasserbad schmelzen. Die gefüllten Pflaumen in die Schokolade tauchen und mit den kandierten Veilchen bestreuen. Bis zum Servieren in einem luftdicht verschließbaren Behälter im Kühlschrank aufbewahren.

Cranberry-Marzipan

Ergibt etwa 20 Stück
75 g getrocknete Cranberries
1 El Cointreau oder Grand Marnier
2 El Cranberrysirup
250 g Marzipan
100 g Zartbitterschokolade
25 g Haselnuss-Splitter

Cranberries, Likör und Sirup mischen und zugedeckt über Nacht stehen lassen.
Die Mischung mit dem Marzipan verkneten und zu Kugeln formen.
Die Schokolade im Wasserbad schmelzen, die Kugeln damit überziehen und mit den Haselnuss-Splittern bestreuen.
In einem luftdicht verschließbaren Behälter im Kühlschrank aufbewahren.

Orangen-Stäbchen

Kandierte Orangenschale in Streifen
Zartbitterschokolade

Die Schokolade im Wasserbad schmelzen, die Orangenstreifen hinein tauchen und zum Trocknen auf Backpapier legen.

Tipp:
Versuchen Sie es auch einmal mit kandierten Ingwerstreifen oder anderen getrockneten Früchten.

Datteln mit Pistazien

Ergibt etwa 20 Stück
20 große Datteln ohne Kerne
100 g Pistazienmarzipan
100 g Zartbitterschokolade
25 g gehackte Pistazien

Die Datteln mit Pistazienmarzipan füllen. Schokolade im Wasserbad schmelzen und die Datteln hinein tauchen, kurz abtropfen lassen. Zum Trocknen auf Backpapier legen. Sofort mit den gehackten Pistazien bestreuen. Das Konfekt in einem luftdicht verschließbaren Behälter aufbewahren.

Kokos-Stangen

Ergibt etwa 20 Stück
100 g weiße Schokolade
2 El Kokoslikör
250 g Marzipan
100 g dunkle Kuvertüre
Kokosflocken

Die weiße Schokolade im Wasserbad schmelzen und mit Likör und Marzipan verkneten. In den Kühlschrank stellen, bis die Masse fest geworden ist. Kleine Kugeln formen und diese dann zu kurzen, dicken Stangen rollen.
Kuvertüre im Wasserbad schmelzen und das Konfekt damit überziehen. Sofort mit Kokosflocken bestreuen.

Nougat-Würfel

Ergibt 16–20 Stück
200 g Nougat
50 g getrocknete Früchte, z.B. Rosinen, Aprikosen und Pflaumen
50 g grob gehackte Haselnüsse
100 g Zartbitterschokolade

Das Nougat mit den Früchten und Nüssen verkneten. Die Schokolade im Wasserbad schmelzen. Eine kleine Backform mit Alufolie auskleiden und den Boden mit der Hälfte der Schokolade bedecken. Wenn die Schokolade beinahe fest ist, die Nougatmischung darüber geben, glatt streichen und in den Kühlschrank stellen, bis sie beinahe fest ist. Dann den Rest der Schokolade darüber gießen und wieder kalt stellen. Aus der Form nehmen und mit einem scharfen Messer in Würfel schneiden.

Zimt-Kringel

Ergibt 12–16 Stück
25 g Hefe
150 ml warme Milch
1 Ei
50 g Zucker
1Tl Kardamom
1 Msp Salz
ca. 350 g Mehl
50 g Butter

Füllung:
75 g Butter
75 g Zucker
1 El Zimt

Ei zum Einpinseln
2 El Zimtzucker

Die Hefe mit der Milch verrühren und 5 Minuten stehen lassen, dann mit dem Ei verquirlen.
Zucker, Kardamom, Salz und 2/3 des Mehls zugeben und zu einem glatten, jedoch nicht klebrigen Teig verrühren. An einem warmen Ort 45 Minuten gehen lassen.
Den Teig nochmals durchkneten, zu einer etwa 15 cm langen Rolle formen und flach drücken.
Butter, Zucker und Zimt weich rühren und die Füllung auf den Teig streichen.
Den Teig in Streifen schneiden, diese zu Spiralen drehen und zu Kringeln formen. Nochmals 30 Minuten gehen lassen. Mit verquirltem Ei bestreichen. Auf ein mit Backpapier ausgelegtes Backblech legen und bei 200°C etwa 15 Minuten backen.

Ein Kranz aus frischen Knospen: Einen Strauß noch nicht voll erblühter Rosen kaufen und die Knospen so abschneiden, dass noch etwa ein Zentimeter vom Stiel stehen bleibt. Die Rosen auf ein Stück kräftigen Blumendraht ziehen und die Drahtenden zum Kranz verbinden. Schön als Serviettenring oder auf einen dekorativen Teller gelegt, mit einer Stumpenkerze in der Mitte. Auch getrocknet ist so ein Knospenkranz noch immer wunderschön.

Den Kranz aus Ästen haben wir beim Blumenhändler gefunden. In der Mitte steckt ein Mosy-Block, der dem Gesteck aus rosa und roten Rosen Halt gibt. Immer für frisches Wasser sorgen, dann bleibt es lange frisch.

Die Kalenderkerze ist selbst gemacht. Auf eine große Stumpenkerze mit Glitterstift Zahlen von 1 – 24 untereinander schreiben. Die Kerze wird im Advent jeden Tag angezündet und bis zur nächsten Zahl brennen lassen. Ein Stück Draht über einer Flamme erwärmen und unten in die Kerze stecken. Die Kerze damit in einem Mosy-Block befestigen und rundherum frische Blumen und Blätter feststecken – hier sind es puderrosa Rosen, Eukalyptuszweige und grüne Beeren. Regelmäßig gießen nicht vergessen.

Ein grüner Kranz ganz ohne Tannengrün! Wir haben dafür schon im Juni Zweige und Fruchtstände im Garten gepflückt. Alles, was schön grün geblieben ist, fand in dem Kranz Verwendung und wurde noch mit ein wenig Grün vom Blumenhändler aufgestockt. In diesem Kranz ist alles erlaubt – vorausgesetzt, es ist grün: zum Beispiel Efeu, Mohnkapseln und Johanniskrautbeeren und alles, was der Garten noch so hergibt. Selbst die Zimmerpflanzen können dazu das eine oder andere Blatt beisteuern. Kleine Bündel formen und dicht an dicht immer von links nach rechts um den Kranzrohling binden.

Espresso-Kugeln

Ergibt etwa 20 Stück
1 Tl Instant-Espresso
100 g Schokolade
250 g Marzipan
100 g dunkle Kuvertüre
Bunte Streusel

Schokolade im Wasserbad schmelzen und mit dem Espressopulver verrühren.
Etwas abkühlen lassen und mit dem Marzipan verkneten. Die Marzipanmasse zu Kugeln formen. Kuvertüre im Wasserbad schmelzen, die Kugeln damit überziehen und mit den Streuseln bestreuen.

Für diesen einladenden Türkranz wurden vertrocknete Zweige aus dem Garten mit Silberdraht zusammengewunden und mit einer Lichterkette und bunten Schleifen verziert.

Weihnachts-Trüffel

Ergibt etwa 25 Stück
250 g Zartbitterschokolade
200 ml Sahne
1 Tl Zimt
1/4 Tl Nelkenpuver
Kakao

Schokolade fein hacken. Die Sahne erwärmen, jedoch nicht kochen lassen. Vom Herd nehmen und die Schokolade unter Rühren darin auflösen. Mit Zimt und Nelkenpulver abschmecken und in den Kühlschrank stellen, bis die Schokomischung fest geworden ist. Zu kleinen Kugeln formen und in Kakaopulver wenden.
Bis zum Servieren im Kühlschrank aufbewahren.

Getrocknete Cranberries (gibt es zu kaufen) auf kräftigen Stahldraht aufziehen, zu Herzen formen und üppig mit Effekt-Golddraht umwickeln. Schön am Fenstergriff!

Ein Adventskranz aus frischen Blumen ist einfach ganz besonders schön. Beim Blumenhändler gibt es Mosy-Kränze mit Plastikboden zu kaufen. Den Kranz zuerst mit Pistazienzweigen bestecken. Vier kurze Stücke starken Stahldraht über einer Kerzenflamme erwärmen und in den Boden der Adventskranzkerzen stecken. Dann lassen sie sich sicher in dem Mosykranz befestigen. Anschließend mit frischen Blüten bestecken – zum Beispiel, wie hier, mit weißen Rosen, zartrosa Nelken und hellgrünem Schneeball (Viburnum). Den Stiel 4 cm unter der Blüte abschneiden und diese leicht schräg in den Kranz stecken. Besonders schön sind auch chinesische Pfingstrosen, die mit etwas Glück um die Adventszeit erhältlich sind.

Die blaugestreifte Tischdecke wurde aus Meterware genäht. Einfach auf die gewünschte Länge zurecht schneiden und den Saum rundherum ketteln. Ganz Fleißige schneidern dazu noch farblich passende Stoffservietten. Geschirr und Gläser sind hier passend zum Adventskranz in Weiß und Grüntönen gehalten. Ein buntes Sammelsurium aus Kerzenhaltern sorgt für zusätzliche Tischbeleuchtung. Komplizierter muss man es sich zu Weihnachten gar nicht machen!

Ein Stück starken Draht in eine Stumpenkerze stecken und diese in einem mit feuchtem Mosy gefüllten Gefäß befestigen. Rundherum mit Wollziestknospen bestecken. Einen dekorativen Kreuzanhänger auf ein Stück Draht fädeln und um die Kerze winden.

Leberpastete

Ergibt 6 Portionen
300 g gehackte Leber
150 g gehackter Speck
1 fein gehackte Zwiebel
50 g Butter
3 El Mehl
1/4 l Kochsahne
2 Eier
2 Tl Salz und Pfeffer
1/2 Tl Piment

Als Beilage: gebratene Champignons und kross gebratener Frühstücksspeck

Leber, Speck und Zwiebel gut mischen. Aus Mehl, Butter und Sahne eine Mehlschwitze bereiten und etwas abkühlen lassen, dann kräftig mit der Lebermasse verrühren. Mit Salz, Piment und Pfeffer abschmecken und in eine ofenfeste Form geben. Bei 175°C 45 Minuten bis 1 Stunde backen und mit Pilzen und Speck servieren.

Weihnachtsfrühstück und Tapas

Zu Weihnachten werden im Norden schon seit alter Zeit gepökelte oder sauer eingelegte Fleisch- und Fischgerichte gegessen – typische Winterkost, als es noch keine Tiefkühltruhen gab, und noch heute vielgeliebte Tradition. Das traditionelle skandinavische Weihnachtsfrühstück besteht zum großen Teil aus eingelegtem Hering und vielen verschiedenen, herzhaften Gerichten. Von dort aus zu den spanischen Tapas ist es gar kein so großer Schritt mehr, denn auch dabei dreht es sich um eine Menge von verschiedenen, kleinen und ebenfalls oft sehr herzhaften Leckerbissen. Lassen Sie sich von unseren Ideen inspirieren und stellen Sie Ihr eigenes Tapas-Buffet zusammen.

Zitronensild

Ergibt 6 Portionen
4-5 eingelegte Bismarkhering-Filets
2 Frühlingszwiebeln
Abgeriebene Schale
von 1/2 unbehandelten Zitrone
1 kleines Bund Dill
Zitronensaft

Die Heringsfilets in kleine Stücke schneiden. Frühlingszwiebeln und Dill grob hacken und mit der Zitronenschale zu dem Hering in eine Schüssel geben. Mit Zitronensaft beträufeln und mit der abgeseihten Heringslake übergießen. Vor dem Servieren eine Nacht in den Kühlschrank stellen.

Glasierter Weinachtsschinken

Ergibt 6 Portionen
1 geräucherter Schinken
50 ml Senf
2 El Zuckerrübensirup
2 El Semmelmehl

Beilage: Grünkohl und Bratkartoffeln

Den Schinken kochen, bis das Fleischthermometer 72°C anzeigt. Die Schwarte vorsichtig entfernen. Sirup und Senf verrühren, den Schinken damit einpinseln und mit Semmelmehl bestreuen.
Bei 220°C gratinieren, bis die Kruste schön goldbraun ist. In dünne Scheiben schneiden und mit Grünkohl und gebratenen Pellkartoffeln servieren.

Grünkohl

Ergibt 4 Portionen
1,5 Kg Grünkohl
30 g Butter
3 El Mehl
300-400 ml Kochsahne
Zucker, Salz und Pfeffer

Die Blätter von den Strünken zupfen, waschen und in Salzwasser etwa 10-15 Minuten weich kochen, abtropfen lassen und fein hacken.
Die Butter in einem Topf erhitzen und unter Rühren zuerst das Mehl und dann nach und nach die Sahne zugeben, bis eine dicke Sauce entstanden ist.
Den Grünkohl zu der Sauce geben und noch einmal gründlich kochen. Mit Zucker, Salz und Pfeffer abschmecken.

Großmutters Heringssalat

Ergibt 4–6 Portionen
25 g Butter
2 El Mehl
75 ml Lake von eingelegter Roter Bete
75 ml Wasser
Salz und Pfeffer
3 eingelegte Herings-Filets
1 Apfel
4–5 Scheiben eingelegte Rote Bete
1 gehackte Zwiebel

Aus Butter und Mehl eine Mehlschwitze machen, dann unter Rühren nach und nach zuerst die Rote Bete-Lake, dann das Wasser zugeben. Gründlich kochen lassen, mit Salz und Pfeffer abschmecken und abkühlen lassen. Heringsfilets, Apfel und Rote Bete würfeln, mit der Sauce übergießen und mit etwas Heringslake abschmecken. Dieser Heringssalat schmeckt am besten, wenn man ihn bereits am Vortag zubereitet.

Die dekorativen Herzen aus dickem Aluminiumdraht sind ganz leicht nachzuarbeiten: Aluminiumdraht in der gewünschten Länge zurecht schneiden und zu Herzen biegen. Perlen auf farbigen Metalldraht fädeln und den Draht mehrmals um das Herz winden. Schön als Fensterdekoration, im Christbaum oder auch als Tischkarte.

Rippenbraten

Ergibt 4–6 Portionen
1 kg Schweinefleisch mit Schwarte
Salz und Pfeffer

Beilage: Rotkohl, gebratene Pellkartoffeln, Waldbeeren-Kompott oder Weihnachtssalat (siehe Seite 161).

Die Schwarte parallel einschneiden und sehr gründlich mit Salz einreiben.
Den Braten auf einen Bratrost legen und in einen Bräter stellen. Wenn der Braten nicht gerade liegt, eine geschälte Kartoffel darunter legen.
In den kalten Ofen stellen, auf 200°C schalten und etwa 1–1 1/2 Stunden backen. Wenn die Kruste dann noch nicht kross ist, bei 250°C etwas nachbräunen.

Waldbeeren-Kompott

500 g gefrorene Waldbeeren
50 ml Wasser
100 g Zucker
1 Zimtstange
1 Stück getrockneter Ingwer
1 Sternanis
25 ml Balsamico-Essig

Wasser, Zucker und Gewürze aufkochen, bis der Zucker ganz aufgelöst ist. Die Beeren mit der Zuckerlösung und dem Balsamico-Essig übergießen und vor dem Servieren mindestens eine Stunde stehen lassen.

Saurer Brathering

Ergibt 6-8 Portionen
400 g frische Heringsfilets
Salz und Pfeffer
Roggenmehl
Butter zum Braten
500 ml Essig
175 g Zucker
1 El rote Pfefferkörner
3 kleine Lorbeerblätter
1 rote Zwiebel
2 Stängel Dill

Die Filets salzen und pfeffern und in dem Mehl wenden. In der Butter 3-4 Minuten von jeder Seite braten. Auf einer Servierplatte anrichten.

Essig, Zucker, Pfefferkörner und Lorbeerblätter aufkochen und über die Heringsfilets gießen. Mit Zwiebelringen und gezupftem Dill garnieren. Die Lake vor dem Servieren eine Weile einziehen lassen. Roggenbrot dazu reichen.

Kräuterhering mit Cranberries

Ergibt 4-6 Portionen
3-4 Kräutermatjesfilets
50 ml getrocknete Cranberries
75 ml Rotweinessig
1 Tl Zucker
1-2 rote Zwiebeln

Die Matjesfilets in 8-12 Stücke schneiden. Cranberries, Essig und Zucker aufkochen und 1 Minute sprudelnd kochen lassen.
Die Zwiebeln in Scheiben schneiden, in das heiße Kompott geben und abkühlen lassen.
Den Matjes in eine Servierschüssel geben und mit dem Kompott übergießen.

Roggenbrot

Ergibt 1 großes Brot
25 g Hefe
300 ml Wasser
300 ml Roggenschrot
100 ml Sonnenblumen- oder Kürbiskerne
1 Flasche Weizenbier
300 ml Naturjoghurt
1 El Salz
600 g Roggenmehl
ca. 200 g Weizenmehl

Die Hefe in dem handwarmen Wasser auflösen.
Roggenschrot und Kerne zugeben und mindestens 6 Stunden, am besten jedoch über Nacht stehen lassen.
Bier, Joghurt, Salz und Roggenmehl zugeben und gut verkneten, dann nach und nach das Weizenmehl zugeben. Der Teig soll fest, jedoch nicht zu klebrig sein, um ihn auf der Arbeitsfläche zu verkneten.
Den Teig zu einem Brotlaib formen und auf ein mit Backpapier ausgelegtes Backblech legen. Mit Wasser einpinseln und etwa 2 Stunden gehen lassen.
Auf der untersten Schiene bei 170°C etwa 2 Stunden backen. In ein Küchenhandtuch einschlagen und vor dem Anschneiden einen Tag stehen lassen.

Schweinsbratwurst mit Orangenglasur

Ergibt 4 Portionen
4 Schweinsbratwürste
Öl oder Butter zum Braten
2–3 El Orangenkonfitüre
Frischer Thymian

Bratwürste von beiden Seiten auf mittlerer Hitze goldbraun braten. Wenn beim Einstechen mit der Gabel klarer Fleischsaft austritt, ist die Wurst gar.
Die Würste mit der Orangenkonfitüre bestreichen und nochmals je 1 Minute auf beiden Seiten braten. In Stücke teilen, mit frischem Thymian garnieren und zu Roggenbrot oder Grünkohl servieren.

Weihnachtsfrikadellen mit Backpflaumen und Äpfeln

Ergibt 4 Portionen
1/2 kg Schweinehack
1 Tl Salz und Pfeffer
1 fein gehackte Zwiebel
1 kleiner Apfel, in Würfeln
10 Backpflaumen
ohne Steine, gehackt

1 El frischer oder
1 Tl getrockneter Thymian
1 Ei
50 ml Mehl
Ca. 100 ml Wasser
Butter zum Braten

Das Hack salzen und pfeffern. Zwiebel, Apfel, Backpflaumen, Thymian, Ei und Mehl zugeben und alles gut verkneten. Nach Bedarf Wasser zugeben.
Den Teig 15 Minuten stehen lassen, dann mit einem kleinen Löffel Fleischklößchen abstechen und auf mittlerer Hitze in der Butter goldbraun braten.

ANNA

Apfel-Speck

Ergibt 4 Portionen
750 g durchwachsener Speck in Scheiben
Salz und Pfeffer
4 Äpfel
1/2 Vanillestange
3–4 Thymianzweige
Zucker
Salz und Pfeffer

Die Speckscheiben salzen und pfeffern und auf einem Bratrost in einen Bräter stellen. Auf oberster Schiene in den kalten Ofen schieben und bei 200°C etwa 15 Minuten goldbraun backen, wenden und weiter rösten, bis der Speck kross ist. Auf einem Stück Küchenpapier etwa 1 Minute abtropfen lassen. Die Äpfel in Schnitze schneiden und in etwas Bratfett auf mittlerer Hitze mit Vanille und Thymian weich dünsten. Mit Zucker, Salz und Pfeffer abschmecken.
Die Speckscheiben auf einer Servierplatte anrichten, die Äpfel darüber geben und zu frischem Roggenbrot servieren.

Der samtweiche Kranz aus Wollziest-Blättern hat eine ganz eigene Eleganz. Wenn Sie Wollziest im Garten haben, sollten Sie die Blätter ernten, bevor der erste Frost einsetzt – Sie bekommen ihn aber mit etwas Glück auch im Blumenhandel. Die Blätter dicht an dicht mit Silber- oder Golddraht auf einen Strohkranz winden und mit einer schönen Schleife dekorieren.

Schnaps-Krebse

Ergibt 6–8 Portionen
300 g Krebsschwänze oder Garnelen
250 ml Crème fraiche
2 El Schnaps
Abgeriebene Schale von
1/2 unbehandelten Zitrone
2 Frühlingszwiebeln, fein gehackt
1 Bund Dill, fein gehackt
1-2 Äpfel, fein gewürfelt

Crème fraiche, Schnaps, Zitronenschale, Frühlingszwiebel, Dill und Äpfel zu einem Dressing rühren. Die Krebsschwänze darin wenden und mit Salz und Pfeffer abschmecken. Zu geröstetem Brot oder Toast servieren.

Lachs-Häppchen

Ergibt 6–8 Portionen
200 g Graved Lachs
150 ml Crème fraiche
Abgeriebene Schale von
1/4 unbehandelten Zitrone
1/4 Salatgurke, fein gewürfelt
1 Frühlingszwiebel,
fein gehackt
1/2 Bund Dill, fein gehackt
Brotscheiben, geröstet
Salatblätter

Crème fraiche, Zitronenschale, Gurke, Frühlingszwiebel und Dill zu einem Dressing rühren.
Mit Salz und Pfeffer abschmecken.
Die Lachsscheiben zusammenrollen und mit einem Salatblatt auf ein Stück Brot legen.
Dressing darauf geben und sofort servieren.

Wasabi-Hering

Ergibt 6 Portionen
2–3 Matjesfilets
50 g Crème fraiche
1 Tl Wasabipaste
1 Msp. abgeriebene Schale von
einer unbehandelten Zitrone
1 Salatgurke
Frischer Dill oder Kerbel

Die Matjesfilets in 12 gleich große Stücke schneiden. Crème fraiche, Wasabi und Zitronenschale zu einem Dressing rühren und mit Salz und Pfeffer abschmecken. Die Gurke in 12 dicke Scheiben schneiden und mit einem Kugelausstecher oder einem Löffel oben kleine Vertiefungen ausheben. Einen Löffel Dressing in jede Vertiefung geben, ein Stück Matjes darauf legen und mit frischen Kräutern bestreut servieren.

Gebackene Champignons

mit Chorizo und Feta

8–10 große Champignons
150 g Feta-Käse mit Oliven und Kräutern
1 Chorizo, gewürfelt

Die Pilze waschen und mit der Chorizo-Käsemischung füllen. In eine ofenfeste Form oder auf ein mit Backpapier ausgelegtes Backblech legen und bei 200°C etwa 10 Minuten backen.

Schinken mit Meerrettich

Ergibt 6–8 Portionen

250 g gekochter Schinken, in Scheiben
100 ml Schlagsahne
25 ml frischer Meerrettich, geraspelt
Abgeriebene Schale von 1/4 unbehandelten Zitrone
1 Bund Dill, gehackt
1 Apfel, sehr fein gewürfelt
Salz und Pfeffer

Die Sahne steif schlagen und Meerrettich, Zitronenschale, Dill und Apfel unterheben. Mit Salz und Pfeffer abschmecken.
Zu dem Schinken servieren.

Tipp:
Schlagsahne mit frisch geriebenem Meerrettich, Salz und Pfeffer ist ein klassisches Rezept für Meerrettichsalat!

Leberpastete auf zweierlei Art

Ergibt 2 x 8 Häppchen
200 g Leberpastete
50 g Preiselbeeren
1 El roter Portwein
50 g Sahne-Frischkäse
25 g Haselnussflocken
2 Scheiben Vollkorn-Schwarzbrot

200 g Leberpastete
1/2 fein gehackte rote Zwiebel
2 El Kapern
Petersilie und Schnittlauch, gehackt
2 Scheiben Vollkorn-Schwarzbrot

Leberpastete mit Preiselbeeren, Portwein, Sahne-Frischkäse und der Hälfte der Haselnussflocken verrühren. Brotscheiben rösten und in Viertel schneiden. Je einen Klecks Pastetenmischung darauf geben und mit den restlichen Haselnussflocken bestreuen.

Leberpastete mit Zwiebel, Kapern und Kräutern verrühren. Brotscheiben rösten und in Viertel schneiden. Je einen Klecks Pastetenmischung darauf geben.

Schinkenröllchen

Ergibt 6 Portionen
6 Scheiben gekochter Schinken
6 Scheiben Frühstücksspeck
6 Möhren
4 Pastinaken
Speiseöl
2 El Ahornsirup

Das Gemüse schälen und der Länge nach in Viertel schneiden. auf ein mit Backpapier ausgelegtes Backblech legen, mit Öl und Ahornsirup beträufeln und bei 200°C etwa 20 Minuten backen.
Das Gemüse in 6 Bündel teilen und jedes mit Schinken und gebratenem Frühstücksspeck umwickeln.

Entenbrust mit Aprikosen

Ergibt 6 Portionen
1 Entenbrust
Salz und Pfeffer
150 g sonnengetrocknete Aprikosen
1 El rosa Pfefferkörner
200 ml Orangensaft
50 ml Zucker

Die Entenbrust auf der Hautseite kreuzweise einritzen und 10 Minuten zuerst auf der Hautseite braten. Fett abgießen, Fleisch wenden und nochmals höchstens 10 Minuten braten.
Salzen, pfeffern und 5 Minuten stehen lassen, dann in dünne Scheiben schneiden.
Die Aprikosen hacken und mit Pfefferkörnern, Orangensaft und Zucker aufkochen. So lange ziehen lassen, bis die Flüssigkeit verdampft ist.
Je eine Entenbrustscheibe zusammenfalten, mit einem Zahnstocher fixieren und einen Klecks Aprikosenkompott darauf geben.

Schweinefilet mit Kirschgelee

Ergibt 6 Portionen
600 g Schweinefilet
Butter zum Braten
Salz und Pfeffer

100 g gefrorene Kirschen, angetaut
75 ml Weißwein-Essig
75 g Zucker
4 Blätter Gelatine

Essig und Zucker aufkochen und so lange ziehen lassen, bis der Zucker aufgelöst ist.
Die Gelatine darin auflösen, dann die Kirschen zugeben, aufkochen.
Abkühlen und fest werden lassen.
Das Filet in einer Deckelpfanne in der Butter von allen Seiten anbraten und salzen und pfeffern. Deckel auflegen und auf schwacher Hitze 15 Minuten weiter garen.
Das Fleisch in Scheiben schneiden und mit dem Gelee belegt servieren.

Tipp: Eiswürfelformen eignen sich hervorragend als Geleeförmchen.
Vorher mit kaltem Wasser ausspülen.

Sirup-Früchte

150 g Trockenfrüchte, z.B. Melone,
Papaya und Ananas
1 El Grand Marnier
25 g Haselnüsse
35 g Walnüsse
300 g Akazienhonig

Früchte, Likör, Nüsse und Honig mischen. Die Mischung über Nacht stehen lassen. Schmeckt lecker zu Käse und Crackern.

Gløgg-Sirup

150 g Zucker
300 ml Rotwein
50 ml Orangensaft
1 Streifen unbehandelte Orangenschale
1 Zimtstange
8 Gewürznelken
4 Kardamomkapseln
100 g abgezogene Mandeln
75 g Rosinen

Zucker, Rotwein, Orangensaft und –schale sowie Gewürze zu einem dünnen Sirup einkochen. Mandeln und Rosinen in ein Glas geben, mit dem Sirup übergießen und stehen lassen, bis der Sirup ganz erkaltet ist. Zu Käse oder Eiscreme servieren.

FREDERIKKE

INGE

Weihnachts-traditionen

Gerade im Advent und zu Weihnachten ist es eine schöne Tradition, Familie und Freunde zu einem feinen Essen um den Tisch zu versammeln. Dann gibt man sich auch bei der Tischdekoration besonders Mühe, um den Anlass noch etwas strahlender wirken zu lassen. In der einen Familie wird die gute alte Weihnachtsgans serviert, bei der anderen vielleicht ein krosser Schweinebraten. Was auch immer, Hauptsache, man ist nächstes Jahr wieder dabei!

Gänsekeulen mit Weihnachtskompott Rotwein-Kräutersauce und Kartoffelpüree mit Backpflaumen

Ergibt 4 Portionen
4 Entenkeulen
Salz und Pfeffer
200 ml Entenfond
200 ml Rotwein
4 Gewürznelken
1 Zimtstange
Saft und Schale von 1 unbehandelten Orange
Soßenbinder
25 g Butter

Weihnachts-Kompott:
100 g sonnengetrocknete Aprikosen
100 g Backpflaumen ohne Steine
100 ml Orangensaft
50 g Preiselbeeren
1–2 El Zucker

Kartoffelpüree:
1 kg geschälte Kartoffeln
100 g Backpflaumen ohne Steine, gehackt
200g Sahne-Frischkäse
Salz und Pfeffer

Entenkeulen mit Salz und Pfeffer einreiben und im 200°C heißen Ofen etwa 1 Stunde garen. Die Haut soll kross und das Fleisch gut durchgebraten sein.
Das im Bräter verbliebene Bratfett mit dem Fond ablöschen, abseihen und das Fett abschöpfen.
Bratensaft, Rotwein, Gewürze und Orangensaft und –schale auf mittlerer Hitze 10 Minuten kochen, dann abseihen. Wieder auf den Herd stellen und mit Soßenbinder zu einer glatten Sauce verarbeiten. Mit Salz und Pfeffer abschmecken. Unmittelbar vor dem Servieren die Butter mit der heißen Sauce verquirlen.

Aprikosen und Backpflaumen halbieren und mit dem Orangensaft zugedeckt auf mittlerer Hitze weich dünsten.
Preiselbeeren und Zucker zugeben und ein paar Minuten weiter köcheln. Mit Zucker abschmecken.

Kartoffeln in kleinere Stücke schneiden und in ungesalzenem Wasser weich kochen. Abgießen und wieder auf den Herd stellen, damit die Feuchtigkeit verdampft.
Kartoffeln stampfen und mit Frischkäse und Backpflaumen verrühren. Mit Salz und Pfeffer abschmecken.
Mit dem Weihnachts-Kompott zur Entenkeule servieren.

Gänsebraten mit Zitrone, Vanille und Äpfeln

Ergibt 6–8 Portionen
1 Gans, ca. 5 kg
Salz
3 Äpfel, z.B. Cox Orange, in Schnitzen
1/2 unbehandelte Zitrone
1 Vanillestange
Kochendes Wasser
100 ml Portwein oder Madeira
Saucenbinder
Zuckercouleur nach Geschmack

Gebratenes Wurzelgemüse
mit Vanille und Äpfeln:
1 kg Wurzelgemüse, z.B. Mohrrüben, Petersilienwurzeln, Pastinaken oder Topinambur
Gänseschmalz
3–4 Thymianzweige
1 Vanillestange
1/2 unbehandelte Zitrone, in Schnitzen
4 Äpfel, z. B. Cox Orange, in Schnitzen
Salz und Pfeffer
Petersilie

Das Flomenfett aus dem Inneren der Gans entfernen und auf schwacher Hitze zerlassen. Braten Sie darin das Wurzelgemüse sowie Kartoffeln, Äpfel usw. – das schmeckt himmlisch!

Die Gans trocken tupfen, Federreste entfernen und die Brust unterhalb der Keulen mehrmals einstechen, damit das Fett besser ablaufen kann. Innen und außen mit Salz einreiben.
Mit Äpfeln, Zitronenschnitzen und der gespaltenen Vanillestange füllen, mit einer Fleischnadel schließen.
Die Gans mit der Brust nach oben auf einen Grillrost in einen Bräter stellen und bei 175°C 3 1/2–4 Stunden backen (pro kg rechnet man etwa 40 Minuten).
Das Bratenfett regelmäßig abschöpfen und die Gans von Zeit zu Zeit mit etwas kochendem Wasser begießen. Den Bratensaft abseihen und das Fett abschöpfen.
Die Gans tranchieren und die Fleischstücke in einen Bräter legen.
Mit etwas Bratenfett begießen und unmittelbar vor dem Servieren unter dem Grill bräunen, bis die Haut knusprig ist. Achtung – das geht sehr schnell!
Den Bratensaft mit Wasser oder Brühe auf 600 ml verlängern.
Portwein zugeben, aufkochen lassen und mit Saucenbinder andicken.
Mit Salz und Pfeffer abschmecken.

Das Wurzelgemüse schälen und grob hacken. In dem Gänseschmalz mit etwas Thymian und Vanille etwa 15 Minuten auf hoher Kochstufe braten. Apfel- und Zitronenschnitze zugeben und nochmals höchstens 10 Minuten weiter garen. Mit Salz und Pfeffer abschmecken und mit frisch gehackter Petersilie bestreut servieren.

Tipp:
Alternativ kann man die Gans mit Äpfeln und Backpflaumen füllen und mit typisch weihnachtlichen Beilagen wie Rotkohl und glasierten Kartoffeln servieren.

Für die niedlichen Stoffherzen Schablonen aus Pappe basteln und Herzen aus Stoff oder Filz zuschneiden. Im Überwendstich mit rotem Faden zunähen, ein kleines Loch offen stehen lassen. Mit Watte füllen und die Öffnung zunähen. Eine Wollschnur als Aufhänger annähen.

Für die umhäkelte Styropor-Kugel braucht man etwas mehr Geduld, aber es geht ganz leicht: 4 Luftmaschen häkeln und zum Ring verbinden. Die erste Runde mit je 2 Maschen in jeder Luftmasche arbeiten. So bis zur Mitte weiter arbeiten, dabei nach Bedarf weitere Maschen zunehmen. Anschließend entsprechend abnehmen. Wenn die Arbeit zu drei Vierteln fertig ist, die Kugel einsetzen. Fertig häkeln und eine Reihe Luftmaschen zum Aufhängen arbeiten. Den Faden vernähen.

Ein Christbaum Ton in Ton – dieses Jahr in der Farbe Lila. Die Dekoration besteht aus gehäkelten Kugeln, Kerzenhaltern aus Draht und Perlen, Stoffherzen und frischen Rosen in kleinen Glasflaschen. Natürlich dürfen auch Kugeln und Vögel aus Glas und mit Leckereien gefüllte Krämertüten nicht fehlen.

Für die Kerzenhalter ein Stück Aluminiumdraht (1–1,5 mm) ein paar mal um eine Christbaumkerze wickeln. Perlen und Kreuzanhänger auf Silberdraht fädeln und diesen um den Aluminiumdraht winden. Kerzenhalter auf einem Zweig befestigen.

Kapaun gefüllt mit Pilzen und Cranberries

Ergibt 6–8 Portionen
1 Kapaun, ca 4 kg
500 g Kalbshack
15 g getrocknete Mischpilze
2 El geröstete Haselnüsse, gehackt
2 El getrocknete Cranberries
1 großes Ei
25 ml Paniermehl
25 ml Wasser
1 Tl Salz und Pfeffer
75 g Butter
150 ml weißer Portwein
Hühnerbrühe
Saucenbinder
Zuckercouleur nach Geschmack

Den Kapaun ausnehmen, die Innereien gut abspülen und mit Küchenpapier trocken tupfen.
Die Mischpilze nach Packungsanleitung wässern, dann grob hacken.
Hack, Pilze, Haselnüsse, Cranberries, Ei, Paniermehl, Wasser, Salz und Pfeffer gut mischen. Den Kapaun mit der Farce füllen und mit einer Fleischnadel schließen.
Den Kapaun mit der Brust nach oben in einen gefetteten Bräter legen, die Brust mit Butterflocken besetzen und bei 150°C 1 Stunde backen. Dann mit Portwein übergießen und nochmals etwa 2 1/2 Stunden weiter garen, dabei regelmäßig mit Bratensaft übergießen. Den Braten zugedeckt etwa 20 Minuten stehen lassen. Den Bratensaft abseihen und das Fett abschöpfen. Wenn nötig, mit Brühe auf 500 ml aufgießen. Aufkochen und mit Saucenbinder andicken. Mit Salz und Pfeffer abschmecken.
Die Brustfilets ablösen und in dünne Scheiben schneiden. Die Keulen abtrennen und in Ober- und Unterkeule teilen. Die Oberkeule in zwei Scheiben schneiden.
Die Flügel ebenfalls in zwei Stücke trennen. Die Füllung herausnehmen und in Scheiben schneiden.
Mit Portweinsauce, Kartoffeln und rotem Salat servieren.

Schweinebraten mit Knusperkruste

Ergibt 4–6 Portionen
1–1 1/2 kg Schweinekamm mit Schwarte, ohne Knochen
Grobes Salz
Pfeffer
2–3 Lorbeerblätter
500 ml Wasser

Sauce:
400 ml Bratensaft
100 ml trockener Weißwein
Saucenbinder
Salz und Pfeffer
Nach Geschmack 1–2 Tl Apfelgelee
Zuckercouleur nach Geschmack

Als Beilage: Rotkohl, Salzkartoffeln oder glasierte Kartoffeln

Die Schwarte einritzen und gründlich mit Salz einreiben. Pfeffern. Lorbeerblätter in die Schwarte stecken.
Den Braten auf einen Rost in einen Bräter setzen. Steht er nicht gerade, mit einer geschälte Kartoffel darunter ausgleichen.
In den kalten Ofen stellen und die Temperatur auf 200°C einstellen. 1 1/4 Stunde garen. Ein Fleischthermometer verwenden – wenn es 65°C anzeigt, ist der Braten fertig. In der letzten halben Stunde das Wasser in den Bräter geben. Prüfen Sie bereits bei 55°C, ob die Schwarte kross ist – wenn nicht, die Temperatur auf 250°C hoch schalten, bis das Thermometer 65°C anzeigt. Den Braten unbedeckt ruhen lassen, bis die Sauce fertig ist.
Bratensaft abseihen und das Fett abschöpfen.
Weißwein zugeben und ein paar Minuten kochen. Mit Saucenbinder andicken, mit Salz und Pfeffer und nach Geschmack etwas Apfelgelee abschmecken.
Den Braten in Scheiben schneiden und sofort servieren.

Rotkohl mit Walnüssen

Ergibt 4 Portionen
500 g geraspelter Rotkohl
60 g Walnüsse, grob gehackt
Butter oder Entenschmalz
50 ml Johannisbeersaft
1 El Rotweinessig
2 El Preiselbeerkompott
Salz und Pfeffer

Rotkohl und Walnüsse 2–3 Minuten in dem Fett anschwitzen. Saft und Essig zugeben und stark kochen lassen, bis die Flüssigkeit verdampft ist.
Mit Kompott, Salz und Pfeffer abschmecken und zu dem Schweinebraten oder der Ente servieren.

Weihnachtssalat

2–3 Äpfel
2–3 Orangen
1 Radicchio
1/4 geraspelter Rotkohl
50 g Walnüsse

Dressing:
1 El Weißweinessig
1 El Orangensaft
1 Tl Dijonsenf
2 El Walnuss- oder Olivenöl
Salz und Pfeffer

Essig, Orangensaft, Senf und Öl verquirlen und mit Salz und Pfeffer abschmecken. Äpfel halbieren, das Kernhaus entfernen, dann in Schnitze schneiden. Die Schnitze würfeln.
Die Orange schälen und die Segmente aus der Haus lösen oder mit einem Messer herausschneiden.
Den Radicchio in Streifen schneiden und mit dem Rotkohl mischen. Alle Zutaten in dem Dressing wenden und mit den Walnüssen bestreuen.

Eine Papprolle (z.B. von einer Küchenrolle) in 2–3 cm breite Ringe schneiden. Einen langen Stoffstreifen mit dem Bügeleisen »säumen« und eng um den Pappring wickeln. Das Ende unsichtbar festkleben und mit einem hübschen Band verzieren – fertig ist der Serviettenring!

So binden Sie einen Blumenstrauß: Mit einem Blumenstiel be-ginnen und einen zweiten mit der Blüte nach links schräg darüber legen. So fortfahren und dabei den Strauß langsam linksherum drehen. Den fertigen Strauß fest zusammenbinden. Ein paar Glaskugeln (mit einem »Stiel« aus Blumendraht) geben den weihnachtlichen Touch!

Zimteis
mit Portwein-Rosinen

Ergibt 6 Portionen
1 l Vanille-Eiscreme
2 Tl Zimt
100 ml Portwein
1 Zimtstange
100 g Rosinen

Die Eiscreme gründlich mit dem Zimt verrühren, wieder in den Behälter füllen und zurück in die Gefriertruhe stellen, bis sie wieder fest geworden ist. Portwein mit der Zimtstange erwärmen, jedoch nicht kochen lassen. Rosinen zugeben und die Sauce stehen lassen, bis sie ganz abgekühlt ist – gern über Nacht. Vor dem Servieren die Zimtstange herausnehmen.

Risalamande

Ergibt 6 Portionen
75 g Milchreis
500 ml Milch
1–2 El Zucker
Mark von 1 Vanillestange
75 g abgezogene, gehackte Mandeln (und eine ganze Mandel als Glücksbringer)
Nach Geschmack
1–2 El weißer Portwein
500 ml Schlagsahne

Milchreis kochen (siehe Seite 43), mit Salz abschmecken und abkühlen lassen.
Zucker, Mandeln und, nach Geschmack, Portwein einrühren. Die Sahne steif schlagen und mit einer ganzen Mandel unter den Milchreis heben.
Bis zum Servieren in den Kühlschrank stellen.
Mit heißer Kirschsauce servieren.
Der glückliche „Finder" der Mandel bekommt einen kleinen Preis.

Alamande »Fragilité«

Ergibt 8 Portionen
3 Eiweiß
175 g Zucker
50 g Haselnussflocken

1/2 Portion Risalamande (siehe linke Seite)
75 g weiße Schokolade, gehackt

Die Eiweiß steif schlagen, dabei nach und nach den Zucker zugeben. So lange schlagen, bis ein Messerschnitt sichtbar bleibt.
Die Haselnussflocken unterheben.
Die Baisermasse auf einem mit Backpapier ausgelegten Backblech wie einen Tortenboden ausstreichen.
Bei 130°C etwa 45 Minuten backen und auf einem Kuchenrost abkühlen lassen.
Mit der Risalamande bestreichen und mit der weißen Schokolade bestreuen.
Sofort servieren.

Weihnachts-Trifle

Ergibt 6–8 Portionen
100 ml Milchreis
250 ml Wasser
1 Vanillestange

300 g Waldbeeren
75 g Zucker
200 ml Kirsch- oder Blaubeerwein
5 Blatt Gelatine

250 ml Sahne
2 El Puderzucker
50 g abgezogene, gehackte Mandeln
1 El weißer Portwein
1–2 Tortenböden

Reis und Wasser mit der Vanillestange auf schwacher Hitze etwa 30 Minuten kochen. Abkühlen lassen.
Die Gelatine in kaltem Wasser einweichen. Beeren, Zucker und Kirsch- bzw. Blaubeerwein aufkochen und den Topf sofort vom Feuer nehmen. Die Gelatine ausdrücken und in der heißen Beerensauce auflösen. Auf 8 Gläser verteilen und stehen lassen, bis das Gelee steif ist.
Aus den Tortenböden kleine Kreise ausstechen, die genau über die Geleeschicht in den Gläsern passen. Sahne steif schlagen. Die Vanillestange aus dem Reis herausnehmen. Zuerst Puderzucker, Mandeln und Portwein unterheben, dann die Schlagsahne. Die Reiscreme oben auf die Kuchenkreise geben und die Gläser bis zum Servieren in den Kühlschrank stellen.

Danke

Wir möchten uns bedanken bei:

Gyldendal für die Gelegenheit, dieses Buch zu gestalten
Panduro Hobby
Lethenborg für Blumen und Christbäume
House Doctor für die große Hilfe
Camilla und Karen von Stof & Stil für Material und guten Rat
Der lieben und tüchtigen Stine Christiansen
Kirsten Dalgaard für ihr stets gleichbleibendes großes Engagement
Josefine für die Hilfe bei Gitte
Pernilles Freundinnen: Camilla, Gitte, Stine und Fie
Christina Albers für Aufmunterung, Lachen und Lob

Und bei unseren lieben Familien für große Geduld und Unterstützung.

Register der Rezepte

Register

Dekorationen und Handarbeiten.